Résilience ou sursis de l´État

Guy Aundu Matsanza

Résilience ou sursis de l'État

*L'identité nationale
au secours de la RD Congo*

D/2018/4910/31   ISBN : 978-2-8061-0410-6

© **Academia – L'Harmattan**
Grand'Place, 29
B-1348, Louvain-la-Neuve

Tous droits de reproduction, d'adaptation ou de traduction, par quelque procédé que ce soit, réservés pour tous pays sans l'autorisation de l'éditeur ou de ses ayants droit.

www.editions-academia.be

TABLE DES MATIÈRES

ABRÉVIATIONS 7
INTRODUCTION 9
CHAPITRE I. *NATION BUILDING* OU DÉBAT DES MODÈLES 13
1. La diversité de pensées 13
2. L´Afrique et la question de la nation 17
3. Comprendre la résilience au sein de l´État 24
CHAPITRE II. PRATIQUES ETHNICISTES ET CONSTRUCTION NATIONALE ... 29
1. Genèse de la nation par la génétique de regroupements politiques 29
   1.1. Des associations et fédérations ethniques aux partis 29
      1.1.1. Association des Bakongo « ABAKO » 35
      1.1.2. Fédération du Kwango-Kwilu « FEDEKWA » 35
      1.1.3. Fédération du Kasaï « FEDEKA » 35
      1.1.4. Fédération des Batetela « FEDEBATE » 36
      1.1.5. Fédération des Bateke « FEDEBAT » 37
      1.1.6. Fédération des Bangala ou « *Liboke lya Bangala* » 37
      1.1.7. Fédération de l´Équateur et du Lac Léopold II ou « *Iso Mongo* » ... 38
      1.1.8. Confédération des Associations ethniques du Katanga (CONAKAT) ... 38
   1.2. Des organisations culturelles et ethniques au Mouvement nationaliste ... 40
      1.2.1. Frustrations et retournement des élites indigènes 40
      1.2.2. Émergence d´un « espace public libre » par la politisation des
            associations 45
      1.2.3. Mouvement politique nationaliste et ses fondements 48
   1.3. L´ethnicité institutionnalisée dans l´État-nation 52
      1.3.1. La représentativité politico-ethnique identifiant à la nation 53
      1.3.2. Le territoire de la nation : une convergence multiethnique 60
      1.3.3. La diversité linguistique ou la nation congolaise plurielle 66
   1.4. Agents de socialisation nationale en RD Congo 73
      1.4.1. Les groupes des pairs 73
      1.4.2. L´école 77
2. Aménagement territorial et intégration nationale 83
   2.1. Voies de communication et interactions culturelles 84
   2.2. Au centre : Kinshasa 89
      2.2.1. Émergence d´une entité 89
      2.2.2. D´une entité traditionnelle à un centre urbain colonial 90
      2.2.3. Démographie galopante et reconstruction des références identitaires .. 91
      2.2.4. Communautés ethniques et brassage identitaire 94
   2.3. Frontières et identité nationale 97
CHAPITRE III. IDENTITÉ ET RÉSILIENCE DE L´ÉTAT 103
1. L´ultranationalisme au secours de la RD Congo 103
   1.1. Des résistants coloniaux aux héritiers postcoloniaux 104
   1.2. De l´État failli à l´État sauvé 108

1.3. L'identité au cœur de la « libération » nationale 112
    1.3.1. *Bundu dia Kongo* (BDK.) ou le réveil nationaliste Kongo 113
    1.3.2. Kamuina Nsapu ou la révolution nationaliste tribale 117
2. La gestion politique des appartenances identitaires 123
    2.1. La représentation politique et ses imaginaires 123
    2.2. La diaspora et ses interventions dans la résilience de l'État 130

CONCLUSION 137

BIBLIOGRAPHIE 139

ABRÉVIATIONS

AFDL	Alliance des Forces démocratiques pour la Libération du Congo
AIA	Association internationale africaine
AIC	Association internationale du Congo
ABAKO	Alliance des Bakongo
ABAZI	Alliance des Bayanzi
ADAPES	Association des anciens Élèves des Pères de Scheut
ALLIBA	Alliance des Bangala
ALLIBAKAT	Alliance des Bahemba du Katanga
ALMOKAT	Association des originaires du Lwapula Moëro du Katanga
ASAP	Association des anciens Élèves des Pères jésuites
ASSANEF	Association des anciens Élèves des Frères des Écoles chrétiennes
ASSOBA	Association des Basongye
ASSOBAKO	Association des Bahemba de Kongolo
ATCAR	Association des Tshokwe du Congo, de l'Angola et de la Rhodésie
BALUBAKAT	Association des Baluba du Katanga
BDK	Bundu dia Kongo
BDM	Bundu dia Mayala
CNDP	Congrès national pour la Défense du Peuple
CEREA	Centre de Regroupement africain
CNUCED	Conférence des Nations unies pour le Commerce et le Développement
COAKA	Coalition kasaïenne
CONAKAT	Confédération des Associations ethniques du Katanga
ÉIC	État indépendant du Congo
FEDEBAT	Fédération ethnique Bateke
FEDEBATE	Fédération Ethnique Batetela
FEDEKA	Fédération ethnique du Kasaï
FEDEKWA-Léo	Fédération ethnique du Kwango-Kwilu à Léopoldville
FEDEQUALAC	Fédération ethnique de l'Équateur et du Lac
FETRIKAT	Fédération des Tribus du Haut-Katanga
FUB	Front de l'Unité bangala
GASSOMEL	Groupe des Associations mutuelles de l'Empire lunda
LUKA	Union kwangolaise pour l'indépendance et la liberté
MLC	Mouvement de Libération du Congo

MNC	Mouvement national congolais
MNCK	Mouvement national congolais, aile Kalonji
MNCL	Mouvement national congolais, aile Lumumba
M 23	Mouvement du 23 mars
OIM	Organisation internationale pour les Migrations
ONG	Organisation non-gouvernementale
ONU	Organisation de Nations unies
PNP	Parti National du Progrès
PPRD	Parti du Peuple pour la Reconstruction et la Démocratie
PSA	Parti solidaire africain
PNUD	Programme de Nations unies pour le Développement
PUNA	Parti de l'Unité nationale
RCD	Rassemblement Congolais pour la Démocratie
RECO	Regroupement congolais
UBWAKO	Union de Bwami de Busumbwa Yeke
UNC	Union nationale du Congo
UNELMA	Union des anciens Élèves des Frères maristes
UNIMO	Union Mongo
UNISCO	Union des Intérêts sociaux congolais

INTRODUCTION

L'État souverain en Afrique est un produit de la lutte de peuples décidés à se prendre en charge. Né d'en haut[1], car copié sur le modèle colonial de l'État occidental, il trouve désormais son ancrage en bas par sa réappropriation par la société locale. Il a reçu mission d'édifier la nation[2], considérée comme inexistante, et de développer la société dans laquelle il est constitué.

Mais la lutte pour le contrôle de ses institutions entre autochtones ayant succédé au colonisateur a engendré une course aux prébendes. Pour légitimer les structures, les dirigeants circulent et changent dans les méandres du pouvoir sans modifier la nature prédatrice originelle de cet État issu de la colonisation.

Ayant été une propriété coloniale, voire privée s'agissant du Congo de Léopold II, roi des Belges, cet État semble réapproprié par les leaders politiques postcoloniaux qui demeurent indéfiniment au pouvoir en dépit, parfois, des élections régulières. L'alternance démocratique est souvent biaisée par des tripatouillages constitutionnels multiples et des fraudes électorales, et si ces leaders n'en ont plus la force (âge, maladie, mort), une succession quasi-dynastique s'organise, éludant le peuple et les prescrits légaux. Par la patrimonialisation, l'État en Afrique paraît détourné de sa mission (la sécurité et le bien-être collectifs) pour devenir une propriété de certains groupes d'individus. La lutte politique ne semble pas porter sur des modèles de gestion ou des projets de société mais sur la pérennité des « hommes institués ». Ceux-ci attirent et mobilisent les communautés autour d'eux, et leur lutte débouche parfois sur des rébellions, sécessions ou insurrections.

Lorsque ces troubles fragilisent l'État, ces dirigeants en profitent pour conforter leur emprise sur les institutions. Abusant de la violence, ils s'en justifient par la nécessité de restaurer l'autorité de l'État. Au centre de l'exercice du pouvoir, la violence est devenue un instrument d'imposition du respect à leur égard en tant que « propriétaires des institutions ». Par conséquent, elle étouffe la

---

[1] Young, C. and Turner, Th., *The Rise and Decline of the Zaïrian State*, Wisconsin, The University of Wisconsin Press, 1985, p. 31.

[2] Sylla, L., *Tribalisme et parti unique en Afrique noire*, Université de Côte d'Ivoire, Presses de la Fondation Nationale de Sciences Politiques, 1977, pp. 327-328.

liberté de parole et de pensée, socle de la démocratie. La récurrence de cet usage conforte la personnalisation, la prolifération et la polarisation[1] du pouvoir. À cet effet, la résistance à ce modèle de gestion ouvre la voie de contre-pouvoir aux citoyens marginalisés dans l'État. Ce fait suscite et stimule le nationalisme, devenu un moyen d'exprimer ce rejet. Censé incarner le contrat social, l'État en Afrique est, dès lors, contesté dans son rôle et son fonctionnement. Les réactions en son sein et en dehors semblent menacer son existence qui ne relève pas seulement, d'après Burdeau[2], de la phénoménologie tangible mais surtout de l'esprit, en tant qu'idée. Cette contestation porte au juste sur les régimes politiques avec leurs animateurs qui s'imbriquent dans l'État et se confondent avec lui par un placage de leur personnalité sur les institutions. À la consolidation attendue de l'État, on observe son émiettement[3] en divers pôles et sa fragilisation. Pour Zartman[4], cette dernière est une longue maladie de dégénérescence marquée par la perte de maîtrise sur l'espace socioéconomique et politique. À terme, l'État risque de se diluer dans la société pour correspondre à ce que les anthropologues appellent une « société sans État »[5]. C'est dire que l'apparence du pouvoir disparaît au profit des hommes qui, désormais, l'incarnent. Le paradoxe ici est que l'État chargé de construire et consolider la nation dans le contexte politique postcolonial s'émiette pendant qu'apparaît concomitamment et bizarrement un fort sentiment d'attachement à l'espace de cet État, à travers l'identification à la nation. Sur le point de disparaître de son milieu, cet État semble survivre grâce à cet attachement de sa population au territoire, cadre saillant de la nation.

L'observation de la réalité congolaise attire l'attention. Ce pays, depuis son indépendance en juin 1960, fait face à plusieurs défis (liés au développement, à l'intégrité du territoire, à la démocratie…). Si son histoire étale de multiples violences dues notamment à

---

[1] Aundu Matsanza, G., *L'État au monopole éclaté : aux origines de la violence en R.D. Congo*, Paris, L'Harmattan, 2012.
[2] Burdeau, G., *L'État*, Paris, Seuil, 1970, p. 15.
[3] Aundu Matsanza, G., *L'État au monopole éclaté, op. cit.*
[4] Zartman, W., *L'effondrement de l'État : désintégration et restauration du pouvoir légitime*, Manille, Nouveaux horizons, 1997, p. 3.
[5] Clastre, P., *La société contre l'État : recherches d'anthropologie politique*, Paris, Minuit, 2011.

l'éclatement[1] du monopole de la contrainte légitime, elle affirme aussi une identification à la nation qui tend à se consolider au fil du temps. Le sentiment[2] du « vouloir-vivre ensemble »[3] se remarque à travers un nationalisme particulier tant chez les citoyens que chez les leaders, en dépit des conflits meurtriers que connaît ce pays.

Si le sentiment nationaliste se justifiait à l'indépendance par l'ennemi colonial commun que tous voulaient renverser et, s'il fut forcé parfois par le système de Parti unique, il paraît de plus en plus un fait conscient et vécu. Les discours et actions des acteurs, quelle que soit leur tendance politique ou ethnique, prônent, même pendant des conflits armés, le respect de l'intégrité du territoire congolais. L'identité nationale semble devenir un rempart à la fragilité de l'État. Il est invraisemblable de constater que cet État né, paraît-il, sans nation et qui devrait se consolider pour la construire, s'émiette et se fragilise tout en construisant et consolidant celle-ci. Paradoxalement et grâce à cette nation, cet État échappe à l'effondrement et se reconstruit à travers ses parties émiettées. Dès lors, il importe de comprendre les modalités de cette résilience qui l'amène à inhiber les perturbations qui menacent son existence.

Au juste, l'explication se trouve dans le processus d'émergence de l'État et dans les modalités de gestion du pouvoir en son sein. La manière d'exercer l'autorité depuis l'époque coloniale contribue à la construction et à la consolidation de la nation. Par les identités ethniques et autres rétributions sociopolitiques, la gestion publique conforte l'identité nationale surtout à travers divers soutiens aux dirigeants postcoloniaux. De l'appropriation des institutions, ces dirigeants font de leurs personnalités et identités un moyen d'intégration à l'État. En retour, le sentiment que suscite cette identification auprès des communautés confère une capacité de résilience aux institutions, ce qui contribue à la survie de l'État.

Du fait de la multiplicité et diversité des groupes, les dirigeants politiques font de l'identité ethnique un élément intégrateur à la nation. Par ce mode de gestion, l'État tend d'une part, malheureusement, à se privatiser ; et d'autre part, mais heureusement, à se métamorphoser jusqu'à engendrer une communauté nationale. Il attire et attache les groupes aux

---

[1] Aundu Matsanza, G., L'État au monopole éclaté, op. cit.
[2] Weber, M., Économie et société : l'organisation et les puissances de la société dans leur rapport avec l'économie, t. 2, Paris, Pocket, 1995, p. 138.
[3] Renan, E., Qu'est-ce qu'une nation ? Paris, Presses Pocket, 1992.

institutions au moyen de leurs identités. Les enjeux de la compétition politique (le partage politico-ethnique du pouvoir, l'idéologie politique axée sur les mythes, symboles et autres traditions ethniques…) et la gestion de l'État (les réformes et aménagements du territoire, les langues de communication, la représentativité des groupes…) seraient à la fois des facteurs d'émiettement de l'État mais aussi d'unification des groupes à travers une seule identité dite nationale.

Pour vérifier ces hypothèses, le modèle cybernétique d'Ilya Prigogine[1] intervient afin de comprendre la survivance de l'État congolais à travers l'identification à la nation, au moment où les indicateurs présagent de l'imminence de son effondrement. Ce modèle explicatif permet de cerner les causes habituelles mais qui ne produisent pas les effets attendus. Selon cette approche, la résilience de l'État s'explique par sa « structuration dissipative »[2], c'est-à-dire son autorégulation qui maintient la connexion des parties grâce à l'information circulaire. Ainsi, les crises congolaises n'aboutissent pas nécessairement à l'effondrement de l'État puisqu'un autre fonctionnement, au moyen de structures adaptées, remplace le fonctionnement traditionnel ou formel de l'État issu du modèle occidental.

D'origine européenne et établi en Afrique à travers la colonisation, cet État s'est réadapté à sa nouvelle société par une transformation de ses structures avec leurs fonctions habituelles. Dès lors, la fonction manifeste des institutions s'étiole pour laisser place à un fonctionnement caché dans lequel l'informel supplante le formel. À travers cette résilience des structures, le fonctionnement de l'État se rapproche de la société, s'adapte et rend les structures adéquates aux conditions du contexte et de l'environnement. De ce fait, les contraintes spécifiques (sociales, géographiques, économiques, politiques, psychologiques…) de la société empêchent l'État de s'effondrer à cause du « vouloir vivre ensemble » des membres, manifesté à travers leur identification à la nation.

---

[1] Aundu Matsanza, G., *Comprendre la science politique en 9 leçons*, Louvain-la-Neuve, Academia, 2017, p. 23.
[2] Prigogine, I. et Stengers, I., *La nouvelle alliance*, Paris, Gallimard, 1979.

CHAPITRE I.
NATION BUILDING OU DÉBAT DES MODÈLES

1. LA DIVERSITÉ DE PENSÉES

Le débat sur la construction nationale est houleux et se réduit à deux principaux courants : d'une part les communautaristes ; et d'autre part les théoriciens du contrat social. Les premiers accordent à la nation une dimension ethnoculturelle en tant que groupement auquel l'histoire confère des traits objectivement spécifiques. La nation semble un produit inné hérité des ascendants. Ce courant se réfère principalement au cas allemand. Le second, s'appuyant sur le cas français, ne s'articule pas sur les traits culturels mais sur le sentiment de « vouloir-vivre ensemble ». La nation paraît un produit construit à la suite des relations sociales. De ce débat se dégagent des éléments définitionnels consensuels de la nation.

À cet effet, l'Autrichien Otto Bauer,[1] à la suite de l'Allemand Johann Herder, disciple de Kant, est parmi les premiers à avoir défini ce qu'est la nation. Par ce concept, Bauer entend une communauté des caractères fondée sur la communauté de destin c'est-à-dire l'expérience intérieurement vécue en commun qui condamne à un même sort. Tentant de relativiser sa position au sein du débat d'école, Bauer exploite la dimension de l'histoire pour argumenter sa thèse. Sa vision renvoie la compréhension (de la nation) à l'ancrage dans le passé. En effet, l'histoire commune génère une société de mœurs, de langue, de coutume commune, bref une communauté de tradition culturelle.

Dans le même sens, Gellner[2] saisit cette compréhension à travers l'analyse du nationalisme. Pour lui, c'est le nationalisme qui crée la nation et non le contraire. C'est pourquoi il est épineux, d'après sa pensée, de définir la nation en dehors du contexte historique. Valorisant le conflit dans l'émergence du nationalisme, il estime que la transition des sociétés traditionnelles vers les sociétés industrielles est fondatrice du sentiment national. Lorsque l'hétérogénéité culturelle dans les milieux ruraux empêche la construction nationale, l'homogénéité ou l'uniformisation de cultures dans la société

---

[1] Bauer, O., *La question des nationalismes et la social-démocratie*, Paris, ÉDI, 1988, p. 15.
[2] Gellner, E., *Nations et nationalismes*, Paris, Payot, 1986.

industrielle l'encourage. Dans ce sens, Gellner attribue à l'État la responsabilité de construire la nation grâce à la modernisation. Il estime qu'une fois que l'État réussit, avec le temps, à plonger les communautés dans l'oubli de leur passé particulier, il les entraîne à se forger une conscience nationale.

Si cette analyse de Gellner est enrichissante, il convient de reconnaître qu'elle comporte quelques faiblesses. En effet, en attribuant à l'État le rôle de créer la nation, il ne prouve pas que l'État précède les manifestations du nationalisme, ni quelle doit être la nature de cet État bâtisseur de la conscience nationale. Ensuite, il ne prend pas en considération la signification collective de l'identité nationale. La nation implique-t-elle la disparition de la culture traditionnelle ? De la perception de l'oubli, s'agit-il d'un effacement du passé ? Ces éléments contredisent son hypothèse de départ sur le rôle historique du nationalisme dans l'édification de la nation.

L'oubli qu'il invoque ne correspond pas au sens attribué par Renan[1], l'initiateur de cette pensée. Pour celui-ci, la nation est le fruit d'un consentement quotidien, un plébiscite de tous les jours en tant que ciment d'un projet commun. Dans son idée, l'oubli est celui qui efface les querelles intestines du passé et renforce les légendes qui incarnent les traditions. Renan, en mettant en exergue le sentiment de « vouloir-vivre ensemble », conçoit la nation comme un construit permanent. C'est ainsi qu'il refuse d'enfermer la nation dans une dimension ethnoculturelle. La nation est, pour lui, une construction procédant de l'agrégation d'allégeances individuelles plutôt qu'un enchevêtrement des critères objectifs tels que la langue, la coutume…

Cette perception de Renan est relativisée par Weber[2] qui ramène le sens de la nation à la dimension des valeurs. Il n'attribue pas la force constitutive de la nation uniquement aux éléments objectifs (la langue commune, la coutume, les mœurs…) mais aussi au souvenir et à la projection d'un destin commun. Ce n'est pas seulement le biologique qui fait la nation, c'est surtout le subjectif, c'est-à-dire le sentiment. De ce fait, il déclare que « le sentiment d'avoir quelque chose en commun désigné par le terme collectif de sentiment national, n'est en rien univoque. Il peut être alimenté par des sources les plus diverses : les différences des articulations économiques et sociales, et celles de la structure interne du pouvoir avec leurs influences sur les mœurs. Mais pas nécessairement…, les souvenirs

---

[1] Renan, E., *op. cit.*
[2] Weber, M., *op. cit.*, t. 2, pp. 138-139.

politiques communs, la confession religieuse et finalement la communauté linguistique peuvent aussi agir en tant que sources »[1].

Weber est très relatif dans son explication. Pour lui, le sentiment national est fondé sur des facteurs les plus divers. Selon les réalités historiques et sociologiques de chaque groupe, ce sentiment peut s'appuyer autant sur la langue, la coutume, les mœurs, les souvenirs politiques communs, la religion que sur les articulations économiques et les projets communs. À cet effet, la nation ne peut être réduite à un entendement univoque. Tout dépend du contexte et de la réalité propre à chaque communauté.

Cette appréhension conceptuelle est à l'origine, au sein du courant de contrat social, de l'école de la construction nationale (*nation-building*). Animée notamment par Karl Deutsch, cette école souligne l'importance du processus relationnel dans l'édification de la nation. Deutsch[2] postule qu'une communauté nationale repose sur l'intensité des interactions entre ses membres. Son analyse revient sur le mode de communication utilisé par les membres d'une communauté pour maintenir leur relation. À force d'interagir, ces membres finissent par se façonner un sentiment de communauté en tant que nation.

Néanmoins, son analyse contient, d'autre part, la faiblesse relevée chez Gellner. Elle s'appuie sur l'opposition entre sociétés traditionnelle et industrielle pour expliquer l'usage d'une langue unique dans la communication. Le sentiment national ne résulte pas nécessairement et uniquement de l'unicité de la langue, Renan et Weber l'ont souligné lorsqu'ils parlent d'autres facteurs, notamment le destin commun, la religion ou d'autres croyances. Une autre faiblesse de Deutsch est sa conviction que la modernisation entraîne un effacement des particularismes ethniques et l'assimilation des groupes minoritaires au groupe dominant.

Cette vision à l'origine des paradigmes développementaliste et assimilationniste ou encore intégrationniste a forgé le « *conformity and melting-pot* » aux États-Unis. Elle est démentie par les faits lorsque les groupes, tant raciaux qu'ethniques et religieux, persistent et se renforcent dans ce pays par la conscience de soi dont ils font montre. Cette vision est remplacée, depuis, par celle du pluralisme normatif, culturel et social.

---

[1] *Ibid.*, p. 143.
[2] Deutsch, K., *Nationalism and social communications: an inquiry into the foundation of nationality,* Cambridge, MIT Press, 1969, p. 86.

S'inscrivant dans le même ordre d'idée, Benedict Anderson analyse le processus de communication dans l'édification de la conscience nationale. Elle complète et améliore les argumentations de Deutsch et de Weber. D'entrée de jeu, elle propose comme définition de la nation : « communauté politique imaginaire et imaginée comme intrinsèquement limitée et souveraine »[1]. Elle estime que les membres d'une nation n'auront jamais à se connaître personnellement. L'idée qu'ils ont de la communauté n'est qu'imaginée dans chacun d'eux ; et cette imagination a des frontières qui les limitent à l'espace commun partagé. Cette nation imaginée se veut libre car elle rêve d'être libre. Anderson ramène, à l'instar de Gellner, voire de Renan, l'État au centre de la construction nationale.

Pour expliquer l'origine de l'imagination qui crée le sentiment national, Anderson[2] décrit le processus de communication en remontant à l'écriture et à la langue d'imprimerie, avec un accent sur les cérémonies et les hommages publics autour des monuments.

Elle rejoint Eric Hobsbawm[3] qui, sans se départir d'une approche historique, applique un raisonnement analogue à travers son étude sur la dimension linguistique des nationalismes. Hobsbawm complète cette réflexion lorsqu'il énumère avec Tarence Ranger[4] les éléments sous-tendant l'imaginaire dans la construction nationale : le passé commun ou l'histoire, les symboles (drapeau ou uniforme militaire), l'école (comme instrument de socialisation), les cérémonies publiques relatives à l'indépendance ou à la révolution, les monuments publics (comme souvenir du passé commun).

L'histoire ou la tradition ramenée au vécu des membres d'une communauté, sans oublier les facteurs que relève Renan, tissent une conscience de « vouloir-vivre ensemble ». La dimension de l'histoire ne peut donc pas être effacée du concept nation, quel que soit le courant de pensée auquel s'apparente le chercheur. C'est pour cela qu'Anthony Smith[5] estime que le nationalisme possède des antécédents ethniques antérieurs à la période moderne.

---

[1] Anderson, B., *L'imaginaire national : réflexion sur l'origine et l'essor du nationalisme*, Paris, La Découverte, 1996, p. 19.
[2] *Ibid.*
[3] Hobsbawm, E., *Nation et nationalisme depuis 1780 : programme, mythe et réalité*, Paris, Gallimard, 1992, p. 134.
[4] Hobsbawm, E. and Ranger, T., *The invention of tradition*, Cambridge, Cambridge University Press, 1992, p. 263.
[5] Smith, A., *The ethnic origins of nation*, Oxford, Basil Blackwell, 1986, p. 77.

En définitive, la nation est un produit de l'esprit et de la relation sociale, un imaginaire qui s'exprime par le sentiment d'attachement dont les éléments relèvent aussi bien de l'histoire que du vécu quotidien. La nation n'est donc jamais définitivement accomplie. Elle se construit et se consolide au quotidien puisqu'elle peut aussi s'effondrer et disparaître. Dans cette optique, elle se lie à l'État, et les deux s'influencent mutuellement. La présence de l'une favorise aussi souvent l'émergence de l'autre, et vice versa.

C'est pourquoi certains penseurs croient que l'État crée la nation (cas de la France), d'autres pensent le contraire (cas de l'Allemagne). Ainsi lorsque Touraine[1] soutient que l'État est créateur de la nation, Cahen[2] rétorque que l'État ne peut le faire car les fondements de la nation lui sont antérieurs, notamment la langue.

Nonobstant cela, même si l'État ne peut créer à lui seul la nation, il influence sa forme par les circonstances qu'il occasionne ou par ses contacts avec d'autres États. Il transforme les identités particulières de groupes, notamment ethniques, en identité collective par ses pratiques de gestion. Ce lien entre l'État et la nation attribue à cette dernière, au-delà de l'aspect culturel traditionnel, une dimension politique large qui la différencie de l'ethnie.

2. L'AFRIQUE ET LA QUESTION DE LA NATION

Les questions relatives à la construction des nations intéressent aussi les chercheurs africains et les africanistes. Dès la proclamation des indépendances, la construction nationale a paru comme un défi pour les jeunes États africains. Les dirigeants ont initié des politiques publiques dont la plupart usaient de la contrainte pour y arriver. Lancées dans la foulée du système de Parti unique, ces politiques ont marqué les débats et suscité des critiques.

Ainsi, l'État ayant émergé en Afrique sans nation, pensait-on, devait en priorité construire celle-ci. Et une fois apparue, la nature de cette nation fut perçue comme éloignée de celle de l'État. De là, pour certains, il existerait donc en Afrique une discordance entre l'État et la nation. C'est pourquoi Lancine Sylla dit : « ce décalage entre structures étatiques et réalités sociologiques, cette non coïncidence entre l'État et la nation privent les couches populaires des moyens susceptibles de leur assurer une participation

---

[1] Touraine, A., *Crise de l'État Nation*, in *Revue internationale de Politique comparée*, vol. 1, n° 3, déc. 1994, p. 343.
[2] *Ibid.*, p. 161.

authentique à la vie politique réelle. Par ce fait même, ces couches populaires se trouvent en dehors du contexte socioculturel dans lequel se déroule la politique. Leur participation politique étant ainsi amoindrie et faussée, elles s'accrochent au seul tribalisme qui est leur unique moyen de participation, et les problèmes s'en trouvent aggravés »[1]. Pour résoudre ce dilemme, l'État, jusque-là jacobin et étranger à la société, est convié à se recréer afin de correspondre à la nation. C'est en ça, d'après cet auteur, que se situe l'enjeu de la crise de l'État-nation en Afrique.

À propos de cette éclosion de la nation, disons que la vie commune ethnique semble à sa source grâce à la culture et au sort commun partagé. La solidarité et l'affinité sociale sont à l'origine de l'identification à la communauté, qui est ensuite confortée et transmise, par socialisation, de génération en génération. Aussi, les identités particulières ou ethniques sont diluées au sein de l'État grâce aux compromis issus des luttes d'intérêts autour, souvent, des institutions publiques. Par ce fait, le pouvoir mobilise les communautés à agir et s'intégrer dans l'État pour bénéficier de ses avantages. En voulant prendre l'État dans leur gibecière, elles unissent leurs efforts au même sort qui leur attribue finalement une même identité.

Dans cette optique, lorsque les politiques instrumentalisent ces particularités pour conquérir le pouvoir, ils attirent par ce biais les communautés à s'intégrer dans l'État. En manipulant les symboles, ils font évoluer l'identification à l'ethnie vers une autre perception, cette fois-ci, « super-ethnique », qui ratisse large. Généralement à travers la super-ethnie, les critères objectifs de l'ethnie sont abandonnés pour se référer aux critères subjectifs (le sentiment et la volonté) d'appartenance à un groupe. Cette évolution favorise l'émergence et l'identification à la nation. Dans ce contexte, les demandes et les alliances politico-ethniques fédèrent les élites et la masse, les leaders et les militants, le sommet et la base devenus désormais un corps social conscient de son identité.

Les études sur la nation en Afrique sont réalisées, le plus souvent, par ricochet sur la question de l'État, puisque la nation, pense-t-on, est inexistante. D'autres la cernent à travers l'analyse du phénomène d'ethnicité.

---

[1] Sylla, L., *op. cit.*, p. 310.

Dans cet ordre d'idée, Hazoume[1], tentant d'analyser la fonction des idéologies tribalistes dans l'édification de la nation à travers le cas du Dahomey (Bénin), considère que les idéologies qui entourent le phénomène tribal constituent de simples images, déformées et déformantes, de la réalité. Celles-ci se développent en un faisceau de préjugés, de créations mythiques, de représentations inexactes de la vie sociale et politique réelle. Hazoume considère la tribalité comme source d'instabilité politique, de division au sein des États en Afrique. Il va plus loin pour soutenir que la manipulation que l'on fait du phénomène tribal empêche l'accomplissement du développement et de la conscience nationale. Dans cet angle, il présente l'histoire de l'Afrique, particulièrement postcoloniale, comme désintégrée en multiples histoires locales auxquelles chaque groupe se tient et mobilise ses membres indépendamment des autres groupes. Pour Hazoume, les idéologies tribalistes entretiennent la division qui empêche la nation d'exister. Le seul avantage qu'il retient de l'ethnicité est le fait qu'elle permet la préservation des trésors culturels des groupes ethniques ainsi que les préceptes sacrés et ancestraux.

Réduire les avantages de l'ethnicité uniquement à la culture traditionnelle paraît trop réducteur du rôle de l'ethnicité dans la société africaine. Bien qu'il analyse les idéologies tribalistes, Hazoume néglige, inconsciemment peut-être, le rôle politique de l'ethnicité et le message qu'elle fait passer à travers les revendications exprimées. En outre, limiter l'histoire aux divers groupes précoloniaux qui composent les États, c'est faire preuve d'ignorance du passé colonial, postcolonial et de toutes les évolutions engendrées.

Ces idéologies (tribalisme, clanisme, népotisme, régionalisme, ethnisme…), lorsqu'elles sont mobilisées au sein des communautés, affirment parfois les différences pour exiger leur prise en compte dans l'État. Au juste, il s'agit de différences qui s'attirent au sein d'une unité qui doit garder de la diversité. La construction de la nation ne veut pas dire la disparition d'autres formes d'identités, mais plutôt leur intégration dans la société afin de conforter le sentiment d'appartenance à un même corps social ou national.

---

[1] Hazoume, G. L., *Idéologies tribalistes et nation en Afrique : le cas dahoméen*, Paris, Présence africaine, 1972.

Dans le même ordre d'idées, Darbon[1] essaie d'établir le lien entre l'ethnicité et la nation en Afrique. Il analyse l'identité ethnique et ses modes d'expression. Pour lui, cette identité, contrairement à Hazoume, n'est pas un fait idéologique mais un produit historique. En abordant le cas de l'Afrique du Sud, il se rend compte que la diversité d'identités ethniques dans ce pays se confond à la fois aux ethnies et aux races. L'identité ethnique est, dans sa réflexion, multiple et fluide. Car un même groupe s'identifie selon les enjeux et les interlocuteurs en ethnie ou en race. Ainsi, les imageries identitaires s'intensifient et s'expriment en fonction des enjeux sociaux du moment.

Cette multiplicité d'identités selon les intérêts en présence semble, d'après lui, anéantir la conscience nationale. Au contraire, c'est cette diversité qui fait de l'Afrique du Sud la nation « arc-en-ciel ». Même s'il récuse la dimension idéologique pour privilégier l'histoire dans son explication, il est évident qu'ici l'identité ethnique se réfère aussi à l'idéologie pour justifier l'opportunisme des acteurs. Dans cette logique, l'histoire n'est qu'un instrument utilisé pour soutenir une pratique, une réalité vécue et atteindre un but politique.

Dans ce contexte, l'imagerie identitaire exhibée face aux enjeux (économiques, sociaux, politiques) comme un facteur de dislocation ou de dispersion dans la société sud-africaine constitue justement un facteur de cohésion face aux intérêts à défendre. L'identité, comme le pense Dieckhoff[2] en soulignant son aspect de culture, ne constitue pas une totalité organique aux frontières imperméables mais elle est constamment travaillée, façonnée, recomposée par d'incessants processus d'emprunts et d'échanges. Toute culture, autant que l'identité qui l'enveloppe, vit et prospère parce qu'elle est en contact avec d'autres. Ces multiples liens sont nécessaires à son enrichissement. Autrement, repliée sur elle-même, elle périclite. C'est pourquoi l'implication sociale et politique de l'identité (multiple et diverse) participe à la construction de l'imaginaire national. De ce fait, les revendications identitaires ne sont pas toujours un facteur de rejet de la nation mais peuvent être aussi, et surtout d'ailleurs, une demande d'intégration à l'État dans lequel les communautés sont établies. La satisfaction de leur demande accroît leur sentiment d'appartenir à la même communauté nationale.

---

[1] Darbon, D., *Ethnicité et nation en Afrique du Sud : imageries identitaires et enjeux sociaux*, Paris, Karthala, 1995.
[2] Dieckhoff, A., *La nation dans tous ses états : les identités nationales en mouvement*, Paris, Flammarion, 2000, p. 42.

Dans cette même logique, Coquery-Vidrovitch[1] analyse le concept d'ethnicité à travers l'histoire africaine pour relever ses implications. Elle fait une distinction entre l'ethnicité, à laquelle elle attribue un sens naturel, normal sur le plan historique, et le tribalisme auquel elle prête une connotation péjorative (idéologique) découlant de l'évolution historique des sociétés africaines.

Pour prouver cet état de chose, Coquery-Vidrovitch relève trois étapes historiques de l'Afrique, à savoir :
- sous la période précoloniale, l'ethnicité s'affirme comme un facteur d'équilibre de la société. Elle s'appuie sur les mythes, catalyseurs de l'unité des traditions malgré les clivages claniques ;
- sous la période coloniale, l'ethnicité et l'ethnie sont fabriquées à des fins de contrôle administratif, politique et religieux. Les stéréotypes sont attribués aux groupes afin de les diviser pour tirer profit de ceux qui coopèrent, et mater ceux qui résistent. Les pulsions centrifuges sont créées et renforcées ;
- sous la période postcoloniale, l'ethnicité nommée tribalité est présentée comme un frein au progrès des nouveaux États à cause du tribalisme assimilé à la manipulation.

Pour Coquery-Vidrovitch, le tribalisme est une source des maux qui frappent l'Afrique, notamment la division, les guerres, la pauvreté, le sous-développement... Elle dénonce la présence de partis ethniques qui prorogent, d'après elle, l'ethnicité générée par l'appareil d'État colonial. Sa démonstration condamne l'usage de l'ethnicité ou tribalité qu'elle veut différencier du tribalisme. Aussi elle la rejette, puisqu'elle fait obstacle à l'émergence de la conscience nationale et prône son élimination pour résoudre le problème de division dans les États africains postcoloniaux. Pourtant, la conscience ethnique ne peut être effacée aussi longtemps que subsiste l'ethnie à laquelle elle est intimement liée. L'analyse de Coquery-Vidrovitch paraît amnésique du rôle de l'ethnicité notamment dans le maintien des frontières héritées de la colonisation. Ce n'est pas le principe d'intangibilité des frontières qui empêche la dislocation, mais plutôt la conscience des peuples autour d'un nouvel imaginaire collectif bâti sur les espaces hérités de la colonisation.

---

[1] Coquery-Vidrovitch, C., *Afrique noire : permanences et rupture*, Paris, Payot, 1985.

Cette construction des imaginaires nationaux s'est accomplie, entre autres, à travers des conflits[1] ethniques. Les tensions, les hostilités mènent à des négociations. Leur aboutissement à des compromis soude les groupes par des concessions mutuelles qui finissent par les rassembler autour de certains points communs. Si l'ethnicité entretient le conflit, elle occasionne également des compromis. Elle n'est pas que division, elle est aussi coopération à travers un processus dialectique de conflit.

Dans ce sens, lorsque les opinions ethniques se sont approprié les stéréotypes coloniaux favorables pour s'exprimer ou revendiquer des privilèges, il faut admettre pareillement leur récupération politique postcoloniale pour édifier la nation. C'est pourquoi Lancine Sylla[2] a préconisé un rôle centralisateur à l'État pour construire et conforter l'identité nationale. D'après lui, il n'y a jamais eu en Afrique un sentiment nationaliste, mais plutôt anticolonialiste ; car en l'absence de nation, il ne peut être question de nationalisme. C'est donc à l'État de créer la nation par des mesures coercitives. Pourtant, c'est ce même sentiment anticolonial qui a fédéré les communautés ethniques et débouché sur un sentiment national. Pour cette raison, Gellner[3] soutient que le nationalisme est géniteur de la nation. Les revendications ethniques relatives à la décolonisation et le mouvement anticolonial dans sa globalité constituent un socle du nationalisme à l'origine de nations en Afrique. Au juste, une consécration dont la naissance remonte à la mise en place du système colonial.

Mais pour Michalon[4], cette relation entre l'ethnicité et la nation est plutôt une lutte entre le modernisme et le traditionalisme. Dans cette relation, les solidarités ethniques et régionales limitent la nation et empêchent l'émergence d'un esprit national. La preuve de cette absence de nation, ce sont les mécontentements populaires causés par l'inadaptation des structures étatiques. Michalon réfute donc l'existence de l'État et soutient l'impossibilité de construire la nation à cause des cultures traditionnelles fortes. Son analyse devient contradictoire. Reconnaissant la résistance des ethnies à travers les manifestations de mécontentement populaire, il conclut à l'absence de nation alors qu'elles sont la preuve de l'édification d'une conscience collective par la communauté de destin. De même, s'il

---

[1] Simmel, G., *Le conflit*, Paris, Circé, 1992, p. 11.
[2] Sylla, L., *op. cit.*, pp. 324-332.
[3] Gellner, E., *Nations et nationalismes*, Paris, Payot, 1986.
[4] Michalon, Th., *Quel État pour l'Afrique ?* Paris, L'Harmattan, 1984.

ne peut reconnaître ni l'État ni la nation, que reste-t-il alors de la société africaine ?

Dans cette confrontation modernisme versus traditionalisme autour de l'État et de la nation en Afrique, Kabuya Lumuna[1] s'intéresse à la voie qui mènerait au développement. Il se rend compte qu'il y a deux logiques qui s'affrontent. La première prône la continuité historique des nations tribales. La seconde prône la discontinuité historique, c'est-à-dire la cassure avec les comportements fondés sur la tradition. Les deux modèles entraînent l'auteur à parler de « révolution paradoxale » parce qu'il s'agit de deux thèses contraires.

De cette contradiction, il recueille deux idéologies de base : le nationalisme tribal pour la première et le nationaltribalisme pour la seconde. Il adopte la première car elle mobilise les Africains et dévoile les conditions de leur sous-développement ; et il rejette la seconde qui empêche l'égalité de chance dans l'accès au pouvoir en favorisant certaines nations tribales.

Le choix du modèle de Kabuya paraît apocalyptique, car il conduit non seulement à nier l'existence de l'État-nation postcolonial mais aussi à abolir celui qui pourrait exister.

En effet, considérant les tribus, les ethnies comme des nations à part entière, elles doivent, d'après ses propos, se construire des espaces correspondant à leur dimension au sein de l'État. Cette thèse, reprise aussi par Mwayila Tshiyembe[2], a sa faiblesse dans l'analyse des concepts d'ethnie et d'ethnicité. Ces chercheurs s'enferment dans la conception objective de l'ethnie en référence à la réalité précoloniale (critères objectifs), pendant qu'ils analysent un fait postcolonial fondé sur des critères subjectifs. L'ethnie précoloniale n'est pas forcément la même que l'ethnie postcoloniale. Les références telles que le lien du sang biologique, comme à la période précoloniale, sont dépassées pour se focaliser désormais sur des éléments issus de mixage des groupes dans leur interconnexion coloniale et postcoloniale, comme la langue véhiculaire plutôt que la langue vernaculaire, un ancêtre mythique au lieu d'un ancêtre réel, une nouvelle identification avantageuse par rapport aux enjeux plutôt que celle traditionnelle à connotation négative…

---

[1] Kabuya Lumuna, *Idéologies zaïroises et tribalisme : la révolution paradoxale*, Louvain-la-Neuve, Cabay, 1986.

[2] Mwayila Tshiyembe, *État multinational et démocratie africaine : sociologie de la renaissance politique*, Paris, L'Harmattan, 2001.

Opter pour cette thèse de Kabuya et/ou Tshiyembe, c'est rendre rigides les frontières ethniques qui empêcheraient l'émergence de nouvelles solidarités constatées (super-ethnique et nationale) et anéantiraient les manifestations actuelles de la conscience nationale. Au-delà de la destruction de la nation, ce modèle mènerait aussi à la destruction de l'État postcolonial en ressuscitant les anciens royaumes et empires précoloniaux. Il s'opposerait à tout effort de (re)construction nationale. Car constituées en nations, les ethnies voudront aussi disposer de leurs propres États. Ce modèle n'est pas différent de celui qui a été préconisé pour les Balkans, et qui a débouché sur la « balkanisation » de l'Europe de l'Est par la résurrection d'États quasi mono-ethniques. Cette analyse fait table rase de toute l'histoire et de l'évolution qu'a connue l'Afrique. Cette option risque de faire du conflit un instrument de chaos et régression plutôt que de compromis et progrès.

En outre, l'impérialisme d'une ethnie sur d'autres, relevé par ces chercheurs, est difficile à concrétiser dans les entités multiethniques comme le Congo. Il provoque généralement une résistance d'autres groupes ethniques qui rejettent la domination d'un seul sur eux. Cette résistance pousse à des négociations et des compromis qui génèrent l'unité et la cohésion nationales.

3. COMPRENDRE LA RÉSILIENCE AU SEIN DE L'ÉTAT

La résilience est un concept interdisciplinaire[1] cerné tantôt comme une stratégie, tantôt comme un processus, tantôt encore comme une capacité ou une propriété. Cette polysémie[2] découle de la pluralité des sciences qui s'en servent selon leurs spécificités. Issue du terme latin *resilio*, rebondissement, la résilience sous-entend en physique la capacité d'un objet à retrouver son état initial après un choc. Par contre, en écologie et en géographie, elle est une capacité de l'écosystème à absorber les effets d'une perturbation, sans que sa structure ne subisse un changement qualitatif. Dans le même ordre d'idées, en informatique, elle est perçue comme une capacité du système à continuer de fonctionner en dépit des anomalies liées aux défauts de ses éléments constitutifs. En psychologie et en sociologie, elle est un processus dynamique impliquant l'adaptation positive dans le cadre d'une adversité

---

[1] Dauphiné, A. et Provitolo, D., « La résilience : un concept pour la gestion des risques » in *Annales de Géographie*, 2007/2, n° 654, pp. 115-125.

[2] Anaut, M., « Le concept de résilience et ses applications cliniques » in *Recherche en Soins infirmiers*, 2005/3, n° 82, pp. 4-11.

significative. Mais en économie, elle est à la fois réactive et proactive : une capacité d'apprentissage et d'anticipation des sociétés humaines par rapport à leur devenir et à leur avenir. Enfin en science des systèmes dynamiques, la résilience ne recherche pas, comme en écologie, un état d'équilibre unipolaire mais plutôt multipolaire. C'est dire que le comportement du système est dicté par des attracteurs qui le poussent vers un état d'équilibres pluriels.

Dans cette polysémie, la résilience est une propriété[1] permettant au système de se reproduire pour retrouver l'équilibre ou un état d'équilibre stable. Nous pensons que cette propriété se rapproche de ce qu'Ilya Prigogine nomme « *structure dissipative*[2] » en chimie. Il s'agit de cette propriété spécifique d'un système, traversé par des flux de matière et d'énergie, d'engendrer en son sein des processus de restructuration et d'organisation spontanées, pour retrouver un état d'équilibre ou un mode de fonctionnement stable. Autrement dit, il s'agit des capacités de survivance d'un système face à un désordre interne censé aboutir à sa disparition. La structuration dissipative mène le système à une résilience qui fait que, du désordre de ses éléments constitutifs, il s'adapte en se reconstruisant de l'intérieur (une auto-régénérescence adaptative) pour se doter d'un nouvel ordre fonctionnel.

Pour réussir une structuration dissipative ou une résilience, le système prend en compte deux principes. Le premier, c'est l'équilibre. Alors qu'en thermodynamique, cet équilibre résulte d'après Prigogine de la relation entre la matière et la chaleur, en sociologie, il est issu d'une disposition des acteurs du système à intégrer les risques et les incertitudes dans la gestion des événements perturbateurs. Le second, c'est l'entropie. Il s'agit de la capacité du système ou de ses acteurs d'évaluer le niveau de dégradation en son sein pour déployer des mécanismes d'adaptation en fonction des fluctuations afin de maintenir l'équilibre ou sa stabilité. Pour être résilient, le système recherche un ou plusieurs nouveaux points d'équilibre sur lesquels fonder sa stabilité ou cohésion.

De ce fait, le succès de la résilience dépend de la combinaison de ces facteurs : la diversification des éléments constitutifs, l'auto-organisation des structures et l'adaptation des acteurs.

---

[1] Aschan-Leygonie, C., « Vers une analyse de la résilience des systèmes spatiaux » in *Espace géographique*, tome 29, n° 1, 2000, pp. 64-77.

[2] Stengers, I., « Structure dissipative » in *Encyclopédie universelle* [en ligne], consulté le 12.12.2016], http://www.universalis.fr/encyclopedie/structure dissipative/

La diversité au sein d'un système, tel que l'État, accroît sa flexibilité. La survivance d'un État dépend de la tolérance de ses membres envers la différence, ce qui facilite l'intégration sociale. Généralement, lorsque les principaux acteurs se prédisposent au changement et à la réception des revendications, cela évite que les situations perturbatrices ne provoquent un choc ou une panique susceptible de plonger l'État dans le chaos et le détruire. Les réformes en faveur d'un nouveau modèle de fonctionnement confortent les capacités d'adaptation de l'État et ses chances de survie en dépit de crises qui peuvent le traverser. De même, les nouvelles modalités de représentation des groupes et de réception de leurs demandes accroissent sa flexibilité et sa capacité d'inhiber les tensions.

En ce qui concerne l'auto-organisation des structures, elle mène l'État à développer à la fois ses capacités d'adaptation et de résistance. Lorsque l'adaptation favorise les réformes, la résistance limite le changement. Dans ce cas, le temps devient un allié qui permet aux acteurs (dirigeants et institutions) de disposer d'une marge d'action pour ralentir la rapidité des réformes et faciliter leur adaptation ou appropriation. Parmi les facteurs qui font du temps un allié dans la mise en œuvre des réformes, il convient de retenir notamment les traditions, la culture, l'idéologie… Ces facteurs facilitent la conformité des réformes au contexte et à la conjoncture, car l'accumulation et la prolifération rapide des changements risquent de basculer l'État dans un fonctionnement incontrôlé susceptible de l'imploser. L'auto-organisation permet aux animateurs de l'État de miser sur le temps pour bien réformer, créer ou inventer de nouvelles structures et produire des discours adaptés aux fluctuations ou à la crise. Le temps confère au système étatique une capacité de socialisation de ses membres et d'adaptation de ses structures à la nouveauté.

Quant à l'adaptation du système ou de ses acteurs, elle se fonde sur l'expérience et l'anticipation. L'État s'adapte aux perturbations grâce aux capacités réactives de ses animateurs et/ou institutions. Instruits des événements passés (l'histoire), ceux-ci recourent à leur savoir acquis, à la tradition héritée et à l'expérience requise dans leur fonction, pour conformer le fonctionnement des institutions aux circonstances environnementales. C'est pourquoi, informés de certaines situations (principe de continuité des affaires publiques à travers la remise-reprise, le renouvellement et la circulation des dirigeants), ces animateurs savent réagir conséquemment à l'apparition d'indices annonçant une perturbation. Ainsi, la socialisation (ou apprentissage) est indispensable pour doter les dirigeants ou agents de l'État des capacités proactives et réactives appropriées. Cette transmission des connaissances intergénérationnelle accroît la résilience de l'État ainsi que son adaptation aux circonstances. En faisant interagir les acteurs et l'environnement, l'adaptation des structures ou de leur fonctionnement génère souvent des sentiments favorables à la continuité de l'État, ce qui affermit le vouloir-vivre ensemble. La résilience de l'État ouvre la voie à la construction et à la consolidation de la nation.

CHAPITRE II.
PRATIQUES ETHNICISTES ET CONSTRUCTION NATIONALE

La naissance de la nation congolaise n'est pas un fait soudain. Elle est un produit de son histoire, conforté par des pratiques liées à son environnement. Les identités ethniques et leurs perceptions sont des éléments qui entrent en ligne de compte dans cette naissance. Elles permettent de cerner le processus d'éclosion de l'État-Nation au Congo démocratique, qu'il faut scruter comme un construit plutôt que comme un donné de l'histoire.

1. GENÈSE DE LA NATION PAR LA GÉNÉTIQUE DE REGROUPEMENTS POLITIQUES

L'émergence de la nation en RD Congo résulte d'un long processus entamé depuis la mise en œuvre du système colonial. Les activités de ce dernier ont poussé les autochtones éparpillés dans ce vaste territoire à prendre conscience de leur sort et à se reconnaître d'une seule entité et d'une même identité ; ce qui favorisa par la suite leur lutte d'émancipation. Cette initiative concrétisée à travers les associations culturelles, les fédérations ethniques, les partis et finalement le mouvement nationaliste aboutit à l'émergence d'une nation au Congo. Cette genèse se réfère à une certaine institutionnalisation de l'ethnicité dans le fonctionnement de l'État colonial puis postcolonial. Par la fonction attribuée aux langues véhiculaires et aux territoires « super-ethniques », cette nation à laquelle s'identifient les Congolais se matérialise et se veut plurielle, comme nous le verrons dans ce chapitre. La nation congolaise est, à l'instar d'autres, une construction de l'histoire de cette société.

1.1. DES ASSOCIATIONS ET FÉDÉRATIONS ETHNIQUES AUX PARTIS

Au Congo, les regroupements des individus sur base ethnique ont leur source bien loin dans le passé. Ils résultent de la déstructuration des entités traditionnelles précoloniales par la pénétration européenne. À cet effet, pour réussir son action, le colonisateur a regroupé d'abord les villages, jadis indépendants les uns des autres, en chefferies dirigées par des chefs dépendant de son autorité. Les chefs traditionnels insoumis furent remplacés par des personnes nommées, souvent non issues de la lignée du chef, afin de présider à la destinée de nouvelles chefferies. Ainsi sont apparus des chefs traditionnels illégitimes avec un pouvoir administratif effectif conféré ou reconnu par le colonisateur. Ces nouveaux chefs sont des interlocuteurs attitrés du pouvoir colonial, mais deviennent aussi des représentants de terroirs auxquels devaient s'identifier les habitants. De ces chefferies ont émergé de nouvelles identités issues de la fusion de plusieurs clans ou groupes dans une seule entité territoriale dite tribale.

Le chef traditionnel exerce généralement les fonctions vitales conformément à la tradition. Il incarne sa communauté, et son rôle[1] s'étend de la sécurisation du groupe à l'imposition du respect des coutumes, passant par celui d'arbitre des conflits, d'administrateur des ressources collectives ainsi que d'intermédiaire entre les vivants et les morts, ou les esprits des ancêtres (les forces surnaturelles). La cohésion de la communauté est bâtie sur sa personne à travers le symbole qu'il représente, par son rôle politico-social et religieux. L'adhésion de ces chefs au système colonial a souvent entraîné celle, collective, de leurs communautés. C'est l'une des motivations qui ont conduit le colonisateur à vouloir intégrer[2] les chefs traditionnels ou coutumiers dans son modèle de gestion. Mais face à la résistance ou à l'opposition de certains d'entre eux, la meilleure solution fut de les dédoubler en suscitant des chefs de paille auxquels étaient fournis les moyens contraignants de gouverner.

Pour réduire davantage la contestation des insoumis, le découpage territorial fut une autre arme efficace. Outre le regroupement de villages en chefferie, le remaniement territorial permit d'insérer les chefferies dans des entités encore plus vastes (districts, provinces) issues de morcellements des anciens royaumes et empires. La révolte de baPende en 1931 illustre bien cet état de chose. Elle fut suivie immédiatement après, en 1933, de la réforme territoriale portant sur les chefferies et les provinces, dont le nombre est passé de quatre à six. Pour juguler la contestation, les baPende furent répartis entre deux provinces, Léopoldville et Kasaï. Il faut souligner aussi que cette réforme avait réparti les populations

---

[1] Souleymane Abba, « La chefferie traditionnelle en question » in *Politique africaine*, http://www.politique-africaine.com/numeros/pdf/038051.pdf [consulté le 21 décembre 2016].

[2] Le décret de l'État Indépendant du Congo (ÉIC) du 6 octobre 1891 sur les chefferies consacre l'intégration dans l'État des chefs traditionnels, devenus des agents coloniaux.

indigènes en groupements coutumiers et extra-coutumiers. Dans le groupement coutumier, subdivisé en secteur(s) et chefferie(s), il était reconnu au chef traditionnel le pouvoir d'appliquer le droit coutumier tant que cela ne contrariait pas l'ordre colonial. Dans le cas contraire, le chef était révoqué et remplacé par un autre plus conciliant ou soumis. Ce fut le cas, par exemple, pour le *mwami* Kabare des baShi au Kivu, qui fut remplacé par le *mwami* Mpoze.

Quant au groupement extra-coutumier, il est une entité constituée d'indigènes de toute origine ethnique, dirigé par une personne nommée avec des fonctions conformes aux prérogatives de l'administration coloniale. Une telle entité se situe généralement à côté des entreprises ou des agglomérations européennes : elle sert de réserve de main-d'œuvre. Si elle devient très peuplée, elle évolue en « centre extra-coutumier » avant de se muer en « cité indigène » jumelée à la cité européenne. Les deux ont constitué l'ossature de villes coloniales.

Dans cette optique, au Katanga[1], les entités traditionnelles importantes, notamment Lunda du chef Mwant Yamv ou LubaKat du chef Kasongo Nyembo, ont été démantelées et réparties administrativement entre plusieurs territoires et districts. Ces subdivisions ont engendré de nouvelles identités qui ont aussi fait muter la perception de l'ethnicité ou de l'ethnie. Celle-ci est passée de la dimension objective (critères concrets : ancêtre commun réel, liens de sang, langue vernaculaire ou patois,...) vers la dimension subjective (critères abstraits : sentiment commun, sort commun, langue véhiculaire, ancêtre commun mythique,...), ce qui a facilité la recomposition des communautés. Cette évolution identitaire va générer le régionalisme et plus tard le nationalisme.

Les relations ethniques sont donc redéfinies sur de nouveaux critères de perception. Ainsi ce regroupement des indigènes a engendré un autre type d'ethnie qui ne se réfère plus nécessairement à un ancêtre traditionnel commun. Par le découpage territorial, la reconstitution des groupes ethniques se réfère donc désormais au sort commun ou à une nouvelle histoire commune construite autour d'un ancêtre mythique, héros des légendes. Régies par le système colonial, ces transformations ont, en outre, affaibli le statut des chefs traditionnels précoloniaux, surtout avec la disparition de leurs entités de référence. À leur place est instauré un autre type de chefs

---

[1] Young, C., *Introduction à la politique congolaise*, Kinshasa, Les Éditions universitaires du Congo, 1965, p. 133.

« traditionnels », des fonctionnaires, capables d'exercer leurs prérogatives en conformité avec les modalités du système colonial. En vue de réussir cette neutralisation, des chefs insoumis furent exécutés (Lumpungu-a-Kahumbu Kamanda, un Songye), déportés ou portés disparus (Kasongo Mule, un Luba). À leur place sont apparus des chefs nommés auxiliaires administratifs et rémunérés par le colonisateur. Selon Louis De Clerck[1], c'est le commissaire de district qui, à défaut de chef valable, désignait comme chef traditionnel un clerc ou un gradé de la Force publique ; le vrai chef devait, dit-il, être neutralisé s'il ne voulait pas collaborer avec l'autorité coloniale ou se soumettre aux obligations administratives imposées par la charge. Tout de même, pour échapper à la répression violente réservée aux téméraires, certains chefs organisaient l'investiture d'un proche ou d'un homme de paille, tout en gardant secrètement le vrai pouvoir traditionnel. Les chefs nommés étaient affublés du titre de *Kapita* (surveillant) pour faciliter la soumission de populations indigènes réparties sur un territoire nouvellement créé et/ou difficilement accessible. En 1917, on a dénombré six mille cinq (6 005) chefs nommés[2].

Le chef traditionnel colonial ne conserve pas toute la nature et les prérogatives dévolues au chef traditionnel de l'époque précoloniale. Il n'est pas désigné par les esprits des ancêtres mais nommé par le colonisateur à défaut d'être reconnu comme issu de la lignée du chef (lignée monarchique). À titre d'exemple, Mutombo Katshi fut désigné grand-chef des Luba, c'est-à-dire le chef de tous les chefs traditionnels Luba ; or les Luba, issus d'un ancêtre commun, Nkongolo Muamba, fondateur de l'empire Luba Shankadi, se subdivisent en groupes[3] indépendants (Luba Lubilanji, Lulua, Luba Katanga, Songye…) sur plusieurs provinces (Kasaï, Katanga), et en sous-groupes dirigés aussi par des chefs autonomes. Autant,

---

[1] De Clerck, L., « L'administration coloniale belge sur le terrain au Congo (1908-1960) et au Ruanda-Urundi (1925-1962) » in *Annuaire d'Histoire administrative européenne*, n° 18, 2006, p. 201.
[2] *Ibid.*, p. 200.
[3] Aundu Matsanza, G., *État et partis au Congo-Kinshasa : l'ethnicité pour légitimité*, Paris, L'Harmattan, 2010, p. 67.

Kalamba[1], chef Lulua reconnu selon la tradition, se montrant collaborant[2], est établi grand-chef des Lulua pourtant divers. Les chefs traditionnels incorporés dans le système colonial disposaient d'une position influente au sein de nouveaux territoires issus de découpages, du fait notamment de leur disposition à collaborer et de la soumission de leurs sujets au système en place. Les identités ethniques des coopératifs sont valorisées et transformées en élément fonctionnel du système colonial. Le colonisateur leur a conféré des stéréotypes positifs alors qu'au même moment, les chefs et les communautés antipathiques ont été affublés de stéréotypes négatifs.

De ce fait, le recrutement et l'affectation dans le système colonial tenaient compte de l'origine ou identité ethnique des indigènes. Ce critère réadopté dans l'État postcolonial, surtout sous le Parti unique, explique par exemple le recrutement massif des baNgala (une ethnie nouvellement créée par la Colonie) dans la Force publique (l'armée coloniale belge) avec une réputation de « courageux ou vaillants » pour les stimuler à soumettre les autres au colonisateur. C'est aussi le cas des baLuba dans l'Union Minière du Haut-Katanga. Ils sont étiquetés « intelligents et travailleurs » tandis que les autochtones katangais sont qualifiés de « paresseux », pour les pousser à être plus productifs au profit du colonisateur[3]. Cette collaboration leur a valu une position privilégiée au sein du système colonial, justifiant aussi leur recrutement ou leur affectation un peu partout dans le pays.

Il faut souligner aussi que le fait de cantonner la main-d'œuvre dans les centres extra-coutumiers (ébauches de centres urbains) a poussé les indigènes à se regrouper afin de reformer quelque peu leur communauté d'origine. Isolés dans un nouvel environnement hétérogène, ils se sentaient déracinés de leur terroir. Mais la difficulté de retrouver des « frères de sang » a fait élargir ce regroupement à d'autres groupes proches grâce aux nouveaux critères ethniques larges : le territoire du district ou de la province au

---

[1] Muya Bia Lushiku Lumana, *De l'État autonome du Sud-Kasaï à la Province du Kasaï : installation difficile des Baluba du Kasaï*, Thèse de doctorat inédite en Histoire, Université de Paris VII, 1978.
[2] Témoignage de Wissmann, chef d'expédition puis agent de l'ÉIC au Kasaï, in Turner, Th., *Ethnogenèse et nationalisme en Afrique Centrale : Aux racines de Patrice Lumumba*. Paris, L'Harmattan, 2000, p. 168.
[3] Aundu Matsanza, G., *Politique et élites en RD Congo : de l'indépendance à la Troisième République*, Louvain-la-Neuve, Academia, 2015, p. 194.

lieu de celui du village ou de la chefferie, la langue véhiculaire au lieu du dialecte vernaculaire, etc.

Les permutations et mutations d'ouvriers vers d'autres territoires ont conforté encore ce type de regroupements larges et ont accru le brassage ethnique. Aussi l'émulation les a menés à s'organiser en associations et fédérations ethniques, desquelles sont issus les premiers partis politiques congolais. Abba[1] qualifie ceux-ci de machines électorales puisque les regroupements ethniques leurs assuraient une victoire certaine grâce à la mobilisation des identités particulières (ethniques) en tant qu'enjeu politique.

Les premiers de ces regroupement résultent de l'ordonnance du 11 février 1926 qui agréait les associations d'anciens élèves (ADAPES[2] fondée en 1925, plus tard ASSANEF[3] en 1929, UNELMA[4], ASAP[5],…). Mais c'est surtout grâce au décret du 21 juin 1944 reconnaissant aux indigènes la liberté d'association professionnelle et/ou culturelle que le phénomène associatif a pris son véritable essor. Plusieurs organisations sont apparues, notamment les syndicats[6], sur base des ordonnances législatives de mars et mai 1946. Ensuite, les associations ethniques des « originaires de… » ont proliféré à partir de 1950. Benoît Verhaegen[7] relève qu'à Léopoldville elles sont passées de quatre-vingt-neuf (89) associations en 1954 à cent quarante-trois (143) en 1956. Et l'administration[8] dénombrait dix-huit (18) associations d'anciens élèves rien qu'à Léopoldville en 1956. Mais la difficulté d'émettre une opinion politique va vite transformer

---

[1] Souleymane Abba, *op. cit.*
[2] ADAPES pour les écoles de Pères de Scheut ; parmi ses membres, il y a Cyrille Adoula, Paul Bolya, A. Delvaux, Fernand Essandja, A. Ngenge, Antoine Ngwenza, Albert Nkuli, Joseph Kasa Vubu, Patrice Lumumba,…
[3] ASSANEF pour les écoles de Frères des Écoles chrétiennes ; parmi ses membres, il y a Antoine Bolamba, E. Kabamba, L. Diantama, J. Disasi, M. Liongo, A. Pinzi, J. Vangu,…
[4] UNELMA pour les écoles des Frères maristes (Victor Nendaka, Alphonse Kithima, Jean-Pierre Dericoyard,…)
[5] ASAP pour les écoles des Pères jésuites (Sylvain Kama, Antoine Gizenga, Cléophas Kamitatu, Joseph Yumbu, Gaston Diomi,…). Il y avait aussi une association pour les écoles des Pères joséphites, des Pères capucins, des Pères bénédictins, des Frères de la Charité,…
[6] Association du Personnel indigène de la Colonie (APIC), Union des Intérêts sociaux congolais (UNISCO), Union africaine des Arts et des Lettres (UAAL),…
[7] Verhaegen, B., « Les associations congolaises à Léopoldville et dans le Bas-Congo avant 1960 » in *Cahiers économiques et sociaux*, Université Lovanium, n° 3, vol. III, septembre 1970.
[8] La Voix du Congolais, n° 128, novembre 1956.

ces groupes en créneaux d'expression de diverses frustrations des indigènes. Tout en étant culturelles et/ou ethniques, ces associations affichent des positions politiques et vont se fédérer pour être audibles auprès de l'administration coloniale. Comme nous le verrons, elles vont générer les premiers partis et former les premiers leaders politiques, qui seront sacrés « pères de l'indépendance nationale ». Parmi ces associations et fédérations, relevons quelques-unes des plus marquantes :

1.1.1. Association des Bakongo « ABAKO »

Elle est fondée en 1950 par des élites Kongo (Nzeza Landu, Michel Nsiala et Pierre Canon puis Kasa Vubu, Diomi,...) pour réagir à la propagation de la langue liNgala au sein de l'administration et de l'enseignement à Léopoldville, une entité considérée comme Kongo. Elle fut agréée le 7 juillet 1953 et ses membres s'identifiaient descendants d'un même ancêtre mythique : *Kongo dia Ntotila*.

L'ABAKO regroupait plusieurs associations ethniques dont onze (11) de baNtandu, deux (2) de baManianga, trois (3) de baNdibu, cinq (5) de baYombe... Elle sera dissoute le 11 janvier 1959 par l'autorité coloniale après que les émeutes du 4 janvier 1959 lui aient été imputées. Pour contourner cette dissolution, l'ABAKO devint un parti politique. Tout en gardant les mêmes structures et animateurs, elle a changé son nom en « Alliance des Bakongo », gardant son sigle, et la nouvelle association fut agréée le 26 juin 1959. De toutes les façons, elle fonctionnait depuis sa fondation comme un parti de fait, à cause de ses avis sur des questions politiques. Nous le verrons par son *Contre-manifeste* d'août 1956, amorce du mouvement « d'indépendance immédiate » en réaction au « Plan Van Bilsen » qui envisageait l'indépendance dans trente ans.

1.1.2. Fédération du Kwango-Kwilu « FEDEKWA »

Fondée le 19 juillet 1953 à Léopoldville à l'initiative de Gaston Midu, elle fédérait les associations tribales des districts du Kwango et du Kwilu ; elle en comptait dix (10) en 1954 puis dix-huit (18) en 1957. La direction était composée notamment d'André Petipeti, Vital Bula, Laurent Mbariko, Joseph Kulumba, Xavier Mungala, Sylvain Kama, Vincent Mbwankiem, Cléophas Kamitatu, personnalités qui deviendront leaders de partis implantés au Kwango et Kwilu : Parti Solidaire africain (PSA), Alliance des Bayanzi

(ABAZI), Union kwangolaise pour l'Indépendance et la Liberté (LUKA),...

1.1.3. Fédération du Kasaï « FEDEKA »

Elle est fondée le 4 juin 1954 par douze (12) associations ethniques puis dix-sept (17) en décembre 1954, quarante (40) en 1955, quarante-trois (43) en 1957. Autant que l'ABAKO, elle rejetait l'envahissement du liNgala comme langue de communication. De même, l'usage du tshiLuba comme langue de communication au Kasaï, en rejet du liNgala, va froisser aussi les relations interethniques au sein de cette fédération. Ces frictions aboutirent à la dislocation de celle-ci par le retrait des Lulua, Tetela et Songye.

La FEDEKA avait une direction décentralisée, avec notamment Joseph Ngalula et Paul Kabaïdi à Léopoldville, Isaac Kalonji à Élisabethville au Katanga... En 1958, l'élection locale au Kasaï a fragilisé son unité et conduit certains de ses groupes constitutifs à reprendre leur indépendance à travers des associations spécifiques. Ce fait explique en partie l'affrontement interethnique Lulua-Luba à Luluabourg. En conséquence, les Lulua quittèrent la FEDEKA pour renforcer leur propre association « Lulua-Frères », fondée en 1952 et dirigée par Émile Mulumba puis par André-Guillaume Lubaya. Militant contre la présence Luba sur le territoire des Lulua, elle a constitué l'ossature du parti « Union nationale congolaise » (UNC) qu'elle présentait comme sa branche politique.

Face à l'antipathie des Lulua et à la défaite électorale à Luluabourg en 1958, les Luba se coalisèrent et fondèrent en juillet 1959 le « Mouvement solidaire muluba » (MSM) ou *Nkonga Muluba*. Le MNC/K, dissidence du parti « Mouvement national congolais » (MNC) dirigée par Albert Kalonji, un rival de P.-É. Lumumba, devint sa branche politique et encourageait ses membres à y adhérer.

Dans ce climat, les Songye quittèrent aussi la FEDEKA à l'instigation d'Aloïs Kabangi et de Dominique Manono, dirigeants de l'Association des Basongye (ASSOBA). Celle-ci, ayant fait du Parti de l'Unité Basongye, fondé en octobre 1959, sa branche politique, a poussé ses membres à y adhérer aussi. Ce parti va changer sa dénomination en Mouvement unitaire Basongye (MUB). La référence identitaire de cette communauté fut la personnalité de ses chefs historiques (Pania Mutombo et Ngongo Lutete). Ainsi voulait-elle résister à l'hégémonie culturelle et linguistique Luba exercée à travers la FEDEKA.

Les Tetela aussi, suivant cet exemple, ont constitué leur propre regroupement ethnique, que nous développons ci-dessous.

1.1.4. Fédération des Batetela « FEDEBATE »

Cette fédération résulte des divergences au sein de la FEDEKA et se composait de seize (16) associations ethniques Tetela. Le comité était constitué notamment de Jean Okuka, André Zanga et Joseph Lutula. Mais le désaccord sur le choix de futurs dirigeants le 29 juin 1958 a fait éclater la FEDEBATE en deux ailes rivales. L'une, identifiée comme composée des vieux conservateurs ruraux, était dirigée par Jean Okuka et l'autre, qualifiée des jeunes progressistes citadins, était coordonnée par Patrice-Émery Lumumba.

À la fondation du parti MNC en octobre 1958, ces deux ailes ont mené leurs membres à y adhérer massivement puisqu'il était dirigé par un Tetela : Lumumba ; elles vont le suivre encore dans le MNC/L quand Albert Kalonji a fait éclater le MNC.

1.1.5. Fédération des Bateke « FEDEBAT »

Cette fédération est fondée le 8 septembre 1958 sur initiative de l'Association des Bateke de Kasangulu à Léopoldville (ABKL). Elle visait l'affirmation de l'identité Teke-Humbu dans cette ville dont ils sont autochtones. Elle voulait en tirer des dividendes dans les méandres politiques locaux tenus par des allochtones. Le comité présidé par Pierre Mombele a éclaté en deux ailes, dont l'une, dirigée par Mombele, adhéra au Parti National du Progrès (PNP) en novembre 1959, et l'autre, dénommée Alliance des Bateke (ABATE), s'est ralliée au cartel politique « ABAKO-PSA-ABAZI ».

1.1.6. Fédération des Bangala ou « *Liboke lya Bangala* »

Fondé en janvier 1955, le *Liboke lya Bangala* regroupait en 1957 quarante-huit (48) associations. Il réunissait les populations venant de l'amont du fleuve (de la Nouvelle Anvers, actuel Makanza, jusqu'aux Stanley Falls, les chutes Wagenia, à Kisangani) ; l'administration coloniale les nommait « Bangala ». Il s'agit de Budja, Lokele, Basoko, Bapoto, Motembo, Wele, Ngili, Bobango, Mpama, Batende, Mabinza, Ngombe, Mbanja, Ngbaka, Ngbandi, Libinza et Doko. Pour Henri Morton Stanley qui les a identifiés ainsi, ils sont un même peuple à cause de leur langue, le « lingala » utilisée dans les villages tout au long du fleuve. Cette dénomination fut confortée par Coquilhat qui les a recrutés massivement dans la Force publique coloniale. Ce liNgala, devenu langue de l'armée et de l'administration, a facilité la communication entre colons et indigènes. Ainsi naît l'ethnie des « baNgala », inexistante avant la colonisation, par un amalgame de groupes ethniques sous une même dénomination fondée sur la langue : le liNgala.

À la fondation de « *Liboke lya Bangala* », les Mongo en étaient membres et s'en sont éloignés lorsque leurs élites ont fondé une autre fédération autour de la langue loMongo, contre l'emprise du liNgala dans leur terroir.

Le comité du « *Liboke lya Bangala* » était présidé par Jean Bolikango assisté de Victor Dondo, Antoine Ngwenza, André Ngenge, Fernand Essandja. À la libéralisation des activités politiques en 1958, cette fédération s'est dotée d'une branche politique dénommée Front de l'Unité bangala (FUB), qui est devenu en mars 1960 le Parti de l'Unité nationale (PUNA), toujours dirigé par Bolikango. Le « *Liboke lya Bangala* » a encore engendré d'autres partis tels que RADESO, dirigé par Nyoka, ASSORBANZI dirigé par Kangayoni,…

Après un long coma depuis les années 1960, cette fédération est réapparue en 1992 sous la dénomination « Alliance des Bangala » (ALLIBA) sur initiative d'Homère Egbake Yangembe. ALLIBA était un appui des baNgala au président Mobutu et à son parti unique MPR face à l'opposition politique animée principalement par les baLuba et exprimée à travers leur courant politique, le parti UDPS.

1.1.7. Fédération de l'Équateur et du Lac Léopold II (FEDEQUALAC) ou « *Iso Mongo* »

Ayant pris conscience de leur identité spécifique, les élites Mongo (Joseph Ileo, Antoine-Roger Bolamba, Paul Bolya, Eugène Ndjoku) qui se greffaient jusque-là sur les baNgala, fondent en juillet 1956 la FEDEQUALAC. La fédération est bâtie sur la langue loMongo et le mythe d'un ancêtre commun, Mongo, dont les fils mythiques sont groupés sous l'identité *Anamongo*, c'est-à-dire « descendants de Mongo ». Il s'agit des groupes ethniques Nkundo, Ekonda, Bolya, Sengele,… du Lac Léopold II (Maï Ndombe), Mongo de l'Équateur, Mbole, Ngando… de la Province-Orientale, Kusu du Maniema, Tetela du Sankuru, Ndengese du Kasaï-Occidental,…

La FEDEQUALAC comptait trente (30) associations affiliées en 1958. Son comité se composait essentiellement d'originaires de la province de l'Équateur, notamment Paul Bolya, Léon Engulu, Justin-Marie Bomboko, Eugène Ndjoku… Cette fédération a engendré des partis tels que le Parti National du Progrès (P.N.P.) de Paul Bolya ou encore l'Union Mongo (UNIMO) de Justin-M. Bomboko.

1.1.8. Confédération des Associations ethniques du Katanga (CONAKAT)

Le regroupement ethnique au Katanga est une réaction au triomphalisme électoral des Luba-Kasaï à Élisabethville (Lubumbashi) en 1957. Les quatre bourgmestres élus de cette ville sont tous allochtones (trois Luba et un Kusu). Cette débâcle a poussé les autochtones à réfléchir aux causes possibles : un groupe de jeunes katangais[1] a relevé entre autres le manque de cohésion ethnique. D'où la nécessité pour eux de fédérer les autochtones du Katanga en une seule structure et dénomination (les Katangais). Ce qui fut fait par la fondation de la CONAKAT le 4 octobre 1958.

Présidée par Godefroid Munongo puis par Moïse Tshombe, la CONAKAT regroupe plusieurs associations ethniques, dont l'Association des Baluba du Katanga « BALUBAKAT[2] » dirigée par Jason Sendwe, l'Association des Tshokwe du Congo, de l'Angola et de la Rhodésie « ATCAR » dirigée par Ambroise Muhunga, la Fédération des Tribus du Haut-Katanga « FETRIKAT » dirigée par Alexis Kishiba, l'Union de Bwami de Busumbwa Yeke « UBWAKO » dirigée par Godefroid Munongo, l'Association des Bahemba de Kongolo « ASSOBAKO », l'Association des originaires du Lwapula Moëro du Katanga « ALMOKAT », le Groupe des Associations mutuelles de l'Empire Lunda « GASSOMEL », l'Alliance des Bahemba du Katanga « ALLIBAKAT », l'Association des Basongye, l'Association des Bena Marunga, l'Association des Aminungu,...

Pour mieux comprendre cette genèse de la nation au Congo, il faut retenir que les modalités d'assise du système colonial ont recomposé les regroupements ethniques et fait évoluer la perception de l'identité ou communauté ethnique. Cette mutation a contribué à

---

[1] Il s'agit d'Évariste Kimba, Dominique Diur, Henri Kambola, Albert Nyembo, Justin Meli, Alexis Kishiba, Rodolphe Yav et Godefroid Munongo Kalenga Ngoy. Lire Pierre Célestine, *Bunkeya et ses chefs : évolution sociale d'une ville précoloniale (1870-1992)*, thèse de doctorat en Histoire, Leiden University, 2014.

[2] La BALUBAKAT, une association fondée en 1952, se retire de la CONAKAT en novembre 1959 pour être autonome. Elle s'est transformée ensuite en parti politique présidé par Jason Sendwe.

l'émergence de partis à tendance ethnique afin d'exprimer et défendre les intérêts des communautés. Nous allons voir dans le point suivant que leur prolifération à travers des partis identitaires va nécessiter des cartels qui permettent des fusions politico-ethniques. Ce fait va favoriser l'apparition du mouvement nationaliste, qui va mener la lutte pour l'indépendance. Ce mouvement résulte donc de l'union des ethnies vers un même but, ce qui concrétise la naissance de la nation congolaise.

1.2. DES ORGANISATIONS CULTURELLES ET ETHNIQUES AU MOUVEMENT NATIONALISTE

1.2.1. Frustrations et retournement des élites indigènes

Le regroupement ethnique des populations congolaises que nous venons d'exposer est d'abord une initiative des élites urbaines appelées les *évolués*. L'apparition de cette catégorie d'indigènes est liée aux besoins manifestés dans la Colonie durant la Seconde Guerre mondiale. En effet, la Belgique, dont le gouvernement était en exil à Londres, ne savait plus envoyer la relève de ses techniciens au Congo, où l'administration et les entreprises étaient contraintes de recourir à la main-d'œuvre locale pour pallier le manque de personnel belge dans certaines tâches requérant des qualifications techniques spécifiques (conducteurs de train, de bateau...). À l'issue de la guerre, cette catégorie de Congolais ayant assuré ces tâches a revendiqué une position sociale supérieure à celle de la masse. Elle s'estimait devenue un groupe intermédiaire entre les colons et les indigènes ordinaires, et invoquait ses aptitudes, attestées par des emplois qui l'assimilaient aux Blancs. Les *évolués* se qualifiaient de *Mundele ndombe*, c'est-à-dire un « Européen à peau noire ».

Pour s'affirmer dans cette position élitiste, ils ont procédé au regroupement et à l'organisation des indigènes dans des associations culturelles, syndicales, ethniques et, finalement, politiques. Ainsi se sont-ils confirmés comme des acteurs incontournables dans les enjeux qui se profilaient déjà, relatifs à l'indépendance nationale.

En 1955, le roi Baudouin 1er, après un premier voyage au Congo, admet la nécessité de prendre en compte leurs prétentions à un traitement particulier par rapport à la masse. Il a dit : « Je veux insister sur le fait que le problème de base qu'affronte maintenant le Congo est celui des relations humaines entre Noirs et Blancs... Il est urgent que les Blancs et les indigènes montrent la plus large compréhension mutuelle dans leurs contacts quotidiens. »[1].

Les *évolués*, dont le nombre croissait régulièrement, s'interrogeaient déjà après la Seconde Guerre mondiale, à travers les écrits d'un des leurs, Paul Lomami Tshibamba : « Quelle sera notre place dans le monde [Congo] de demain ? »[2]. Le système colonial répondit à cette question, par l'instauration de la « carte de mérite civique » le 12 juillet 1948 afin de leur conférer un statut particulier différent de celui de la masse. Au juste, cette carte matérialisait un lointain décret du 4 mai 1895 qui reconnaissait quelques privilèges juridiques (l'application des lois civiles belges) aux indigènes sous service des Blancs. À l'époque, elle concernait les soldats, les ouvriers, le personnel de maison (ménagères, domestiques) et les attachés des missions religieuses.

Mais la procédure pour l'obtention de cette carte était longue : cela n'a pas encouragé les *évolués* à l'acquérir massivement. Un autre décret est pris le 17 mai 1952 pour leur attribuer un statut distinct à travers la « carte d'immatriculation ». Celle-ci était censée assimiler aux Blancs certains Congolais qui satisfont à des critères précis notamment : le niveau d'instruction (savoir lire, écrire, calculer) ; l'assimilation au mode de vie européen (l'hygiène, le maintien à table) ; une bonne moralité par le fait d'être monogame ou d'avoir un casier judiciaire vierge… Selon Eric Hobsbawm et Tarence Ranger[3], toutes ces exigences relèvent d'une invention des traditions qui facilitent la soumission par la transformation de la pensée et du comportement des Africains. En leur refusant l'égalité de traitement par rapport aux « Blancs », les coloniaux vont vider de sens ce décret d'immatriculation au moment de sa mise en application. Des procédures compliquées, auxquelles il faut ajouter une quasi-absence d'avantages significatifs pour les bénéficiaires, ont démotivé les *évolués* à espérer un changement qui permettrait la formation d'une communauté où cohabiteraient Belges et Congolais.

Selon Guy Malengreau[4], cette réforme n'a apporté presque aucun progrès par rapport à la situation antérieure de ces indigènes.

---

[1] Young, C., *op. cit.*, p. 47.
[2] La Voix du Congolais, n° 2, 1945.
[3] Hobsbawm, E. et Ranger, T., *L'invention de la tradition*, Paris, Amsterdam, 2006, p. 235.
[4] Malengreau, G., « Chronique de politique indigène » in *Zaïre*, vol. VI, n° 9, novembre 1952, pp. 957-971.

Quant à Lumumba[1], il constata que la procédure d'acquisition n'était qu'une humiliation des élites congolaises. Pour les *évolués* qui se rêvaient « Européens à peau noire », la déception fut grande. Ils furent persuadés finalement que l'immatriculation ne leur conférait quasiment aucun statut particulier par rapport à la masse indigène. Cette déception les a motivés à rejeter le système colonial et à s'accepter « Noirs, Congolais » différents des « Blancs, Belges » auxquels ils voulaient ressembler. Cette prise de conscience identitaire collective va déclencher leur lutte d'émancipation contre l'ordre colonial au Congo.

Si au début, le regroupement des indigènes en associations des anciens élèves ou associations ethniques semblait un besoin naturel ou social, il s'avéra ensuite une nécessité politique pour sortir de la domination étrangère. Ces organisations ont été détournées de leurs objectifs culturels pour embrasser les revendications politiques.

À titre d'exemple, l'Union des Intérêts sociaux congolais (UNISCO) fondée en 1942 et agréée en novembre 1945 sur initiative des anciens élèves des Pères de Scheut (ADAPES) a exprimé assez vite des revendications à caractère politique. Elle fut présidée par Eugène Kabamba puis Fernand Essandja et eut Joseph Kasa Vubu pour secrétaire général, Damien Kandolo secrétaire adjoint, Joseph Ileo secrétaire-trésorier, Jean Bolikango (président de l'ADAPES) membre du comité. Dès que Kasa Vubu devint secrétaire général, l'UNISCO est sorti de la sphère culturelle et syndicale pour exprimer des demandes politiques. Dès son premier discours, Kasa Vubu exige le respect du « droit du premier occupant ». Au lieu de revendications sur les conditions de vie et de travail des Noirs, il insiste sur la reconnaissance[2] du statut des autochtones en tant que seuls véritables occupants du Congo. Par conséquent, le sol Kongo doit revenir aux baKongo ou Congolais. Il préconise la fin des discriminations envers les autochtones, l'amélioration de leur condition sociale et la défense de leurs droits. Cette idée de « droit du premier occupant » résultait de l'attribution de concessions foncières aux entreprises coloniales pour exploiter les grumes, produire l'huile de palme, élever du bétail... spécialement au

---

[1] Lumumba, P., *Le Congo, terre d'avenir est-il menacé ?* Bruxelles, Office de Publicité, 1961, p. 64.

[2] Mutamba Makombo, J.-M., *Du Congo Belge au Congo Indépendant 1940-1960 : émergence des évolués et genèse du nationalisme*, Kinshasa, Institut de Formation et d'Études politiques, 1998, p. 46.

Mayombe d'où Kasa Vubu est originaire. La perte des droits des autochtones sur leurs terres ancestrales semble l'avoir inspiré à réorienter les revendications sur les intérêts ethniques et locaux.

La terre ou le territoire, un élément d'identité, a entraîné les *évolués* à sortir du carcan culturel pour défendre leurs droits politiques de « premiers occupants ». La propriété foncière éveille la conscience politique et va déboucher sur l'éclosion du nationalisme. La généralisation des mauvaises conditions de vie, de travail et de traitement des colonisés, quelle que soit leur origine ethnique, va engendrer la conscience du sort commun et l'unité pour revendiquer une émancipation collective.

Pour apaiser cette grogne autour de la propriété foncière surtout en milieu rural, le futur roi Léopold III, alors prince de Belgique, avait estimé bon, en 1933, d'admettre le principe du développement de l'agriculture africaine. Il proposa : « l'indigène ne travaillerait plus comme salarié mais comme agriculteur libre et propriétaire de sa terre... de manière à permettre l'accession à la propriété. »[1]. Mais c'est seulement en 1950, suite aux revendications de l'UNISCO et après avoir été débattue au Conseil de Gouvernement en 1947, que cette option fut admise au niveau urbain par un décret du 10 février 1953 permettant aux autochtones citadins d'acquérir des lopins de terre ou parcelles. Malheureusement ce décret resta largement inappliqué, toujours à cause des conditions et des procédures compliquées, auxquelles il fallait associer la ségrégation raciale, et cela a conforté les *évolués* dans leur lutte à travers des associations culturelles et ethniques, muées pour le besoin de la cause en groupes politiques. Et de ces organisations va naître le mouvement nationaliste congolais. Utilisé comme une ressource stratégique[2], le nationalisme permet à ces élites de produire un discours idéologique susceptible de satisfaire leurs attentes, à savoir un statut spécial du fait de leur rôle dans la société. Cette démarche semble une revanche contre le système colonial qui ne voulait pas le leur attribuer.

Pour mieux comprendre cette transformation, il faut savoir que les *évolués* appartenaient à une multitude d'associations : culturelles, ethniques et syndicales. Par exemple, Jean Bolikango présidait à la fois l'Association d'anciens élèves ADAPES et la Fédération

---

[1] Young, C., *op. cit.*, p. 60.
[2] « Le nationalisme comme ressource stratégique » in Roger, A., *Les grandes théories du nationalisme*, Paris, Armand Colin, 2001, p. 69.

ethnique *Liboke lya Bangala*. Kasa Vubu était secrétaire général de l'ADAPES (1944-1956), de l'UNISCO (1946) et de l'ABAKO (1954). Quant à Lumumba, il fut aussi à la fois dirigeant de l'ADAPES/Stanleyville et de la section syndicale libérale à Stanleyville. De même à Léopoldville, Cyrille Adoula était à la fois dirigeant du syndicat socialiste FGTB, de l'association *Liboke lya Bangala* et de l'ADAPES.

Cette appartenance multiple confortait d'une part le militantisme associatif et d'autre part le mixage ethnique au sein de ces groupements. Elle a rodé les *évolués* aux notions intellectuelles et idéologiques (section syndicale) nécessaires aux luttes politiques ultérieures. Ces aptitudes se sont encore renforcées par des cours de perfectionnement organisés au sein de ces regroupements.

N'ayant obtenu de la part du colonisateur aucun statut spécial les distinguant de la masse indigène, les *évolués* se le sont attribué à travers les associations par leur capacité à mobiliser le peuple. Pour déboulonner le système colonial qui leur avait refusé ce statut particulier, ils se sont rallié d'abord les communautés ethniques en défendant leurs intérêts, notamment à travers le discours sur le « droit du premier occupant ». Grâce à cette approche, ils ont attiré les masses autochtones dans leur action politique.

La formation sur le tas de ces *évolués* à travers les associations palliait aussi leur manque de qualification universitaire, dû à l'absence de ce type d'enseignement dans la Colonie. La première université au Congo, Lovanium, est fondée en 1954 ; les quelques premiers diplômés n'en sont sortis qu'à partir de 1958. Les autorités écartaient les Congolais de cet enseignement qu'elles percevaient comme une menace pour la pérennité de leur domination. Pour contourner cet obstacle, les *évolués* lisaient par compensation, d'après Mutamba[1], tout ce qui leur tombait sous la main. Cette avidité de lecture fut encouragée au sein des associations par l'installation de bibliothèques. L'ABAKO, par exemple, avait créé une section historique en 1953 et mettait, comme d'autres associations, des livres à la disposition de ses membres pour les instruire sur leur passé. Dans leur grille de lectures, Mutamba[2] mentionne des ouvrages sur l'histoire (les anciens royaumes du Kongo, l'État indépendant du Congo, le Congo belge), le droit colonial, le colonialisme, l'émancipation des peuples, les politiques

---

[1] Mutamba Makombo, J.-M., *op. cit.*, p. 191.
[2] *Ibid.*

publiques indigènes, les religions, les sociétés secrètes, et des ouvrages généraux tels que les dictionnaires, les encyclopédies, les manuels à usage professionnel...

Cette boulimie livresque fut stimulée particulièrement dans les groupements d'anciens élèves (ADAPES, ASSANEF, UNELMA, ASAP,...) ainsi que les clubs d'amis (Amitiés belgo-congolaises, Cercle de Langue française...) lesquels organisaient en plus des cours du soir pour leurs membres. Parmi les associations (professionnelles, culturelles ou ethniques) initiatrices de ce type de formation, il faut se pencher sur le cercle « Conférences sociales et philosophiques ». Il est à l'origine du Groupe de Conscience africaine, fer de lance du nationalisme congolais qui s'est cristallisé à travers la fondation du parti « Mouvement national congolais » dirigé par Patrice Lumumba. Dans son texte intitulé le « Manifeste », ce groupe va ouvertement afficher, comme nous allons le voir, une opinion politique au-delà de ses objectifs culturels. C'est le point de départ formel de la lutte d'émancipation ou d'expression du nationalisme congolais.

1.2.2. Émergence d'un « espace public libre » par la politisation des associations

Le « Manifeste » de Conscience africaine est un texte issu d'un concours de circonstance. Tout est parti de l'idée partagée par l'abbé Joseph-Albert Malula et Joseph Ileo de mettre sur pied un cercle culturel catholique de perfectionnement pour réduire l'ignorance des Congolais, privés d'un enseignement universitaire approprié. Le 2 mars 1952 est créé le cercle « Conférences sociales et philosophiques », présidé par l'abbé Joseph-A. Malula, assisté de Joseph Ceuppens, conseiller ; Joseph Ileo, secrétaire-trésorier ; José Lombeya, secrétaire adjoint ; et Victor Macaire Pedro, membre. Une quarantaine de candidats se sont inscrits pour sa première session de formation : des cours obligatoires hebdomadaires (sociologie, philosophie, techniques d'enquête), des cours facultatifs (ethnologie,...) et des conférences occasionnelles. À partir de 1954 (fondation de l'université Lovanium), l'action de ce cercle est soutenue par quelques professeurs belges : Nicaise, Buchmann, Bezy, Van Berckel.

Pour conforter son action, le cercle se dote en novembre 1952 d'un Bulletin bimestriel « Conscience africaine » en vue de diffuser ses idées forces, notamment le développement de l'esprit critique, la prise de conscience par l'élite chrétienne de son rôle, la dénonciation de l'immoralité, la greffe de l'apport occidental à la culture africaine...

Dans cette perspective, le cercle est interpellé par le débat sur le colonialisme surgi en Belgique après la Seconde Guerre mondiale. Les secousses de cette guerre ont permis l'émancipation de certaines entités (l'Inde et le Pakistan en 1947,...), et suscité en Belgique aussi des réflexions. Ces échanges interviennent après de longues années d'accalmie depuis les critiques formulées contre la barbarie de Léopold II, qui avaient contraint la Belgique à reprendre le Congo en tant que Colonie en 1908. Les réflexions des universitaires belges (Alfred Marzorati de l'ULB, Guy et F. Malengreau de Louvain, Van Der Kerken et K. Bollengrier de Gand, Norbert Laude d'Anvers, Lagraye de Liège...) ont ranimé ce débat à partir de 1949. Dans ce contexte, Jef Van Bilsen, professeur à l'Institut universitaire des Territoires d'Outre-mer à Anvers et chef de cabinet du ministre de l'Éducation, M. Harmel, publie en 1955 ses réflexions sur les modalités inéluctables de l'indépendance du Congo belge. Il préconise un délai de trente ans, nécessaire au parachèvement du processus de décolonisation dans cette région.

Le débat qu'a suscité ce plan en Belgique a mené le professeur Joseph Nicaise, de l'université Lovanium, à en parler à ses amis du cercle « Conférences sociales et philosophiques ». Le 10 mai 1956, Auguste Cool, président de la Confédération des Syndicats chrétiens de Belgique, de passage à Lovanium, en profite pour suggérer aux *évolués* chrétiens d'envisager, dans cette perspective, de s'organiser selon le modèle des partis politiques belges. Cette idée est rejetée par l'abbé Malula pour le motif que les partis sont source de division ; lui opte plutôt pour un « mouvement national[1] » capable de conduire les Congolais à l'égalité et à l'émancipation. Ainsi préconise-t-il de proclamer cette option dans un document à publier. Le professeur Nicaise lui propose de le titrer « Manifeste » et d'y émettre l'opinion des Congolais sur ce Plan de trente ans débattu en Belgique. Avec la participation de ses membres[2] assistés des professeurs Nicaise et

---

[1] Témoignage du professeur Nicaise in Mutamba Makombo, J.-M., *op. cit.*, p. 254.
[2] Il s'agit notamment de Joseph Ileo (journaliste, membre ADAPES et FEDEQUALAC), Albert Nkuli (syndicaliste chrétien, membre ADAPES et *Liboke lya Bangala*), Dominique Zangabie (syndicaliste chrétien, membre ADAPES et FEDEQUALAC), Antoine Ngwenza (membre ADAPES et *Liboke*

Jean Buchmann (Lovanium), le cercle conçoit un texte comportant treize titres : Notre vocation nationale ; Unité dans la diversité ; Une tâche exaltante à poursuivre ; Communauté belgo-congolaise ; Émancipation progressive mais totale ; Émancipation politique ; Émancipation économique et sociale ; Notre attitude à l'égard de la Belgique ; Ordre et respect de l'autorité ; Appel aux Européens ; Nécessité de l'union nationale ; Comment réaliser cette union de tous ; Appel aux Congolais. Et ils l'intitulent « Manifeste ».
Leur bimestriel Conscience africaine le publie le 29 juin 1956. C'est une opinion éminemment politique, qui initie dans la Colonie un vrai débat public sur le sort commun des habitants du Congo. Le cercle « Conférences sociales et philosophiques » a quitté sa sphère culturelle pour se lancer dans l'activisme politique. Après cette prise de position, l'opinion publique l'a rebaptisé du nom de son bimestriel : Groupe de Conscience africaine, et les discussions générées par cette publication ont poussé d'autres associations à se positionner également dans ce débat.

Ce « Manifeste[1] » proclame notamment que :
- le Congo doit devenir une grande nation en Afrique et intégrer toute personne sans distinction de race à condition qu'elle abandonne tout complexe à propos de la couleur de peau ;
- les Congolais acceptent d'être civilisés mais pas d'être transformés en Européens à peau noire (abandon de la revendication initiale des *évolués*) ;
- les Congolais acceptent l'échéance de trente ans à condition d'y être associés ;
- les élections doivent remplacer le système de nomination ;
- les Congolais n'admettraient pas d'être intégrés dans une fédération belgo-congolaise sans leur libre assentiment ;
- les Congolais veulent l'unité dans la diversité ;
- les Congolais rejettent l'idée de parti politique sur modèle belge mais souscrivent à un vaste mouvement national populaire ;
- les Congolais optent pour une lutte pacifique en faveur de la nation et de la préservation de leurs valeurs culturelles.

Cette prise de position est qualifiée de terne par l'Association des Bakongo qui réagit le 23 août 1956 par son propre document intitulé

Iya Bangala), Joseph Ngalula (membre de l'association des anciens élèves des Frères de la Charité et de la FEDEKA) et de l'abbé Joseph Malula.
[1] Aundu Matsanza, G., *Politique et élites en R.D. Congo, op. cit.*, p. 34.

« Contre-manifeste de l'ABAKO ». Ce texte[1] aborde les points suivants : Étude du Plan de trente ans ; L'union congolaise et la communauté belgo-congolaise ; La vie sociale et les salaires ; L'africanisation des cadres et la politique scolaire. Contrairement au rejet des partis politiques prôné par le Groupe de Conscience africaine, l'ABAKO soutient leur émergence à partir d'un soubassement ethnique. Elle se prononce pour le multipartisme et le fédéralisme au Congo, et rejette le Plan de trente ans puisqu'il prolonge un « régime de substitution arbitraire » contre la liberté des Congolais à décider eux-mêmes. Pour l'ABAKO, ce régime confisque les prérogatives des autochtones pour les conférer à des personnes non mandatées (les coloniaux), et il impose un « empire du silence ». C'est pourquoi l'ABAKO dit : « Non, cette politique est trop vétuste, il faut qu'elle s'endorme. Notre position est nette et nous réclamons : 1. Les droits politiques ; 2. Toutes les libertés c'est-à-dire liberté individuelle, de pensée, d'opinion et de presse, liberté de réunion, d'association, de conscience et des cultes »[2]. Pour l'ABAKO, le Plan de trente ans retarderait l'émancipation ; elle veut l'« indépendance immédiate ». À cet effet, elle rejette tout projet d'intégration du Congo comme dixième province de la Belgique. Pour conforter ses vues, elle revendique *hic et nunc* l'africanisation du personnel public et privé, c'est-à-dire le remplacement des coloniaux par des autochtones. Le Contre-manifeste met l'accent sur la masse populaire et rurale alors que le Manifeste insistait sur le rôle des élites urbaines (les *évolués*).

La liberté d'opinion politique dans les documents de ces associations génère un autre état d'esprit, fondement du nationalisme congolais. Leurs revendications et propositions outrepassent le carcan ethnique pour réunifier et conscientiser les Congolais à leur sort commun. Ces idées secouent les piliers de la Colonie belge au Congo (l'administration, l'Église catholique et l'entreprise privée). Un vent nouveau souffle sur la Colonie et fait de ces associations culturelles et ethniques des regroupements politiques de fait.

1.2.3. Mouvement politique nationaliste et ses fondements

Le mouvement nationaliste résulte de la politisation des associations culturelles et ethniques. Les masses populaires jusque-là en marge des revendications politiques sont contaminées par les

---

[1] Mutamba Makombo, J.-M., *op. cit.*, pp. 257-262.
[2] *Ibid.*, p. 259.

élites, lesquelles leur font connaître à travers ces associations, comme le Groupe de Conscience africaine et l'ABAKO, les enjeux de la décolonisation. Ce mouvement inaugure la naissance du nationalisme congolais, et il élargit la compréhension de l'identité au-delà des références objectives (lien de sang, ancêtre commun, dialecte vernaculaire…). Si au début l'identité reposait essentiellement sur des éléments objectifs pour fédérer les individus au sein d'un groupe, elle mute à travers de nouvelles références, cette fois subjectives (sentiment d'attachement au territoire congolais, volonté d'intégration dans la nouvelle communauté nationale…) qui va fonder la nation ou l'identité congolaise. Avec ces éléments, l'identité se reconstruit tant par l'évocation du passé ou de l'histoire commune que du vécu commun. Au sein de l'espace territorial, les expériences communes, notamment la fréquentation des mêmes écoles, cercles d'amitié, entreprises, ou encore le partage d'une même confession religieuse confortent l'identité collective.

C'est pourquoi, lorsque les associations ethniques (fédération des ressortissants de…) ont commencé à se référer au territoire recréé par le système colonial, elles ont redéfini les références identitaires ethniques en les élargissant pour correspondre à la nouvelle réalité spatiale. Ainsi les éléments objectifs (dialecte vernaculaire de clan ou tribu par exemple) sont abandonnés au profit d'autres éléments subjectifs plus larges tels que la langue véhiculaire partagée dans un district, une province ou une aire culturelle. Cette autre langue devient un trait d'union et d'identification entre les divers groupes de la nouvelle communauté. Ainsi la langue kiKongo, par exemple, réunit plusieurs groupes ethniques du Bas-Congo (Yombe, Nyanga, Ntandu, Singombe, Ndibu…) et les mène à s'identifier tous comme « baKongo ». En cela se justifie l'action de l'ABAKO dont les objectifs confortaient leur mixage en une nouvelle grande communauté ethnique. De même, la langue liNgala réunit divers groupes (Ngombe, Budja, Libinza, Ngbaka, Ngbandi, Lokele…) de l'amont du fleuve à l'Équateur ; s'identifiant comme « baNgala », c'est-à-dire d'expression liNgala, ces groupes ethniques se brassent par la langue jusqu'à croire être issus d'un même ancêtre. Tout autant, la langue tshiLuba, partagée dans les territoires du sud et sud-ouest (Luba, Lulua, Kete, Shilele, Songye, Bindji…) autour de la rivière Kasaï et de ses affluents, étiquette tous ces groupes multiples et divers des « baLuba ». La fédération ethnique FEDEKA a incarné cette identité, comme le *Liboke* pour la communauté baNgala.

Toutes ces organisations ont, chacune, une langue commune qui atteste d'une évolution conceptuelle de l'identité ethnique. En référence à l'espace territorial, l'identité ethnique subit l'intrusion et la fusion de plusieurs entités (districts, provinces) et groupes tribaux qui lui donnent une forme « super-ethnique ».

À côté de ces regroupements ethniques, les cercles ou clubs d'*évolués* (Associations des anciens élèves ou Amicales de…) ont aussi contribué à la fusion des ethnies voire des « super-ethnies » dans un même moule pour en faire des parties intégrantes d'une seule nation. De ces organisations naît une autre identité, transversale à l'ensemble de ces groupes ethniques. Il s'agit de l'identité congolaise fondée tant sur les langues super-ethniques ou véhiculaires (kiKongo, liNgala, tshiLuba, swahili) ou le territoire national que sur le sort commun des ethnies. Cette identité s'est forgée au départ du sentiment anticolonial ou de rejet de la colonisation, pour finalement se consolider dans le contexte postcolonial à travers l'attachement à l'espace étatique. Ce ressentiment a mobilisé les autochtones, quelles que soient leurs origines ethniques, dans une action commune d'émancipation. De là s'est construit un imaginaire collectif congolais : la conscience d'être un même peuple.

Cette construction nationale se confirme dans les initiatives des associations et cercles culturels, notamment l'ABAKO et le Groupe de Conscience africaine déjà évoqués. C'est en leur sein qu'est né le mouvement d'émancipation ou le nationalisme congolais, et elles ont été, en dépit de leurs statuts, les premières structures ayant posé les vraies questions politiques d'intérêt national. Pour réussir leurs démarches, elles ont agi comme des partis politiques de fait, rendant obsolète l'interdiction des activités politiques. Face à l'évolution de la situation et en vue d'y remédier, l'administration coloniale fut contrainte de constituer un groupe de travail pour examiner les problèmes politiques apparus au Congo. Ce groupe conclut finalement, en juillet 1958, à la nécessité de libéraliser les activités politiques.

Mais cette option ayant pris de court les leaders autochtones qui ne s'y étaient pas suffisamment préparés, ceux-ci transformèrent, pour parer au plus pressé, leurs associations ethniques et culturelles en partis politiques. C'est le cas de l'ABAKO ou la BALUBAKAT… Lorsque certaines associations ont soutenu la formation de partis foncièrement ethniques, comme la FEDEKWA-Léo en faveur des partis issus de ses communautés (PSA pour les Mbala et Pende ; LUKA pour les Yaka, Suku et Pelende ; ABAZI pour les Yanzi) ou encore la FEDEKA en faveur d'un parti Luba (MNC/K) tout comme l'association Lulua-Frères pour un parti Lulua (UNC) ; d'autres ont encouragé la fondation de partis à prétention nationale et nationaliste. À titre d'exemple, le Groupe de Conscience africaine a engendré le parti Mouvement national congolais (MNC) dirigé par Lumumba et le cercle Action Socialiste est à l'origine du Parti du Peuple (PP).

Il importe de relever aussi que certains partis ont été des fusions des partis et/ou associations ethniques. Le Parti national du Progrès (PNP) est fondé en novembre 1959 à Coquilhatville (actuel Mbandaka) à partir d'un regroupement de vingt-sept partis. Quant à la CONAKAT, elle est issue du regroupement en octobre 1959 à Élisabethville de plusieurs associations tribales du Katanga.

En outre, certains partis à sigle « national » n'étaient en réalité que provinciaux ou locaux par leur implantation réduite au territoire ethnique. C'est le cas de l'Union nationale congolaise (UNC) au Kasaï dont l'aire effective se réduisait au terroir de l'association Lulua-Frères. Tout autant que le Parti solidaire africain (PSA) qui n'était implanté qu'au Kwilu (fief de la FEDEKWA-Léo et de l'ASAP[1]) et à Léopoldville où les originaires du Kwango-Kwilu disposaient d'une forte communauté.

Des éléments ci-dessus évoqués, le nationalisme congolais jaillit de la conscience du sort commun infligé par la colonisation à tous les groupes ethniques ainsi que de l'attachement au nouvel espace collectif dit « territoire congolais ». Si le Groupe Conscience africaine a réagi le premier pour revendiquer l'inclusion des Congolais à un processus d'indépendance totale, l'ABAKO est le parti qui a exigé clairement l'indépendance immédiate. Ces revendications ont généré et conforté la conscience de l'identité congolaise en dépit de la diversité ethnique et linguistique du territoire. La volonté de lutter ensemble contre un système (colonial) d'oppression a fédéré les groupes dans une seule et même identité transversale à tous, qualifiée de « nationale ». Celle-ci s'appuie à la fois sur le territoire de l'État et sur la diversité de sa population attestée par les diverses langues de communication.

Ainsi à la libération des activités politiques, les partis MNC (émanant du Groupe Conscience africaine) et ABAKO (émanant de

---

[1] ASAP : Association des anciens élèves des Pères jésuites.

l'association ethnique des baKongo) ont impulsé le mouvement nationaliste en faveur d'une indépendance immédiate et totale. C'est autour d'eux que se sont agglomérés les autres partis, notamment lors des négociations de la Table ronde de Bruxelles en janvier et février 1960. Ils avaient constitué un cartel, le « Front commun congolais », pour faire plier les dirigeants coloniaux belges face à leurs revendications.

Ce mouvement a engendré deux blocs : unitariste et fédéraliste. Les unitaristes, autour du MNC, s'appuient sur le territoire et prônent l'indivisibilité de la nation congolaise. Les fédéralistes, autour de l'ABAKO et de la CONAKAT, se réfèrent à la composition multiethnique de la société et prônent l'unité dans la diversité de la nation congolaise. Ces deux blocs accompagnent toujours l'évolution du débat politique au Congo et fournissent des ingrédients à la manifestation du nationalisme. Ce dernier se fonde donc à la fois sur le territoire étatique, pour souligner la dimension civique de la nation, et sur la diversité ethnique, pour relever sa dimension culturelle afin de susciter la mobilisation et l'engagement des Congolais à l'action. Pour y arriver, les acteurs politiques instrumentalisent notamment la peur de la dislocation du territoire national à cause de la convoitise extérieure, le danger de l'impérialisme ethnique d'un groupe contre l'intérêt général ou celui de l'État, le charisme providentiel ou messianique de certaines personnalités pour garantir l'unité et le vouloir-vivre ensemble. À travers leurs discours, ces acteurs individuels ou institutionnels exacerbent le nationalisme dans une logique de stratégie politique. Ainsi se consolide l'identité congolaise à travers une espèce de dialectique de conflit.

C'est pourquoi, comme nous le verrons au chapitre suivant, les moments de crises, surtout politiques, ont toujours été des opportunités d'affirmer, de propager et de concrétiser le nationalisme.

1.3. L'ETHNICITÉ INSTITUTIONNALISÉE DANS L'ÉTAT-NATION

La proclamation de l'indépendance le 30 juin 1960 consacre l'État postcolonial au Congo. Celui-ci est le produit de la lutte des groupes ethniques et culturels à travers les partis. C'est à partir de juin et août 1956 que leur action est lancée formellement à travers le Manifeste de Conscience africaine et le Contre-manifeste de l'ABAKO. Les déclarations de ces associations ont affirmé la nation, à travers leur volonté de revendiquer ensemble un destin commun. C'est de cette nation, produit d'une longue péripétie coloniale, qu'est issu l'État postcolonial. C'est pourquoi les références de l'identité nationale influencent le fonctionnement de cet État et les modalités y relatives consolident en retour la nation ; au même moment, elles légitiment aussi l'État auprès des autochtones. Par ces modalités, les identités ethniques participent à l'intégration nationale. Leur rôle dans le fonctionnement des institutions a un impact sur la solidité ou, selon le cas, la fragilité de l'État-nation. Les aspects suivants permettent de comprendre ce processus par lequel les identités influencent l'État-nation au Congo : la représentativité politique des groupes ; les découpages et réformes territoriales ; l'émergence des langues véhiculaires dans la communication nationale.

1.3.1. La représentativité politico-ethnique identifiant à la nation

L'État-nation congolais se construit et se consolide par divers mécanismes. L'un des plus importants semble être la participation de tous à la vie politique, à l'exercice du pouvoir. Pour cette raison, les leaders ont conçu un fonctionnement politique de l'État qui prend en compte tant l'identité des dirigeants que l'identification de leurs communautés aux institutions. Par ce fait, les dirigeants politiques sont à la fois porte-paroles des revendications communautaires et courroies de transmission des politiques publiques répondant à leurs demandes. La représentativité politique et ethnique paraît un impératif pour la paix sociale, la mobilisation collective et l'unité nationale. Elle permet de faire de la diversité du territoire national une force de progrès collectif.

Par le fait de fonder la représentativité politique sur, entre autres, les références ethniques, l'identité participe à la construction nationale et à la légitimation des institutions étatiques. Cette modalité trouve sa source dans la période d'avant l'indépendance. En effet, le point de départ de la formation des cartels et alliances politiques se situe aux premières élections (législative et locale). Voulant faire face à la concurrence, les partis, fondamentalement ethniques, ont eu l'idée de s'associer en cartels. Leur fusion pour des actions communes a simultanément amorcé le brassage des militants et des communautés ethniques afin d'atteindre un même idéal. Les congrès de ces partis poursuivant des objectifs semblables ont consolidé ce brassage. Dans cette optique, les partis de tendance unitariste, quelle que soit l'origine ethnique des dirigeants et membres, s'étaient réunis en congrès sur initiative du MNC et de l'UNC à Luluabourg en avril 1959. C'est à cette occasion que fut formalisée l'existence de leur cartel dit « unitariste ». Et au congrès de Stanleyville en octobre 1959, ce bloc a changé de dénomination pour se renommer cartel « nationaliste » afin d'agir de commun accord pour l'émancipation des Congolais. Leur initiative est imitée par les partis modérés qui, eux aussi dans le sillage de leur congrès à Léopoldville en septembre 1959, vont former le cartel « Union pour les Intérêts du Peuple congolais » (UNICO) ; ce regroupement politico-multiethnique s'est transformé peu après en parti-cartel dès que ses vingt-sept partis constitutifs ont fusionné pour fonder le « Parti National du Progrès » (PNP) à l'issue d'un autre congrès tenu à Coquilhatville en novembre 1959.

Dans le même sens, les partis de tendance fédéraliste, refusant de rester en marge de ce modèle d'organisation politique, se réunirent en congrès sur initiative de l'ABAKO en août 1959. Ils constituèrent le « Cartel ABAKO-PSA-PP » auquel s'est ajouté peu après le MNC/Kalonji en novembre 1959. Dans ce même ordre d'idée et pour faire face au fédéralisme prôné au Katanga par la CONAKAT (Confédération des Associations ethniques du Katanga), le parti BALUBAKAT s'unit à la Fédération ethnique du Kasaï au Katanga « FEDEKA » et à l'association des Tshokwe « ATCAR » pour constituer un regroupement politico-multiethnique nommé « Cartel katangais ».

Ce rapprochement à travers les cartels mixe les communautés ethniques dans un même idéal, à savoir la libération et le développement de la nation congolaise. Lorsque par exemple les baKongo ont approché les baLuba dans le « Cartel ABAKO », ou que les baYaka du parti LUKA se sont unis aux baLulua de l'UNC et aux Mongo de FEDEQUALAC à travers le parti-cartel PNP, les identités ethniques sont brassées en un seul moule, et elles se sont dites « congolaises » par l'objectif poursuivi d'émancipation nationale. Les élections de décembre 1959 et surtout de mai 1960 ont conforté ce brassage de communautés par des actions politiques communes. Mais il devenait aussi impossible d'ignorer ces identités ethniques lors du partage du pouvoir ou de la formation du gouvernement. C'est pourquoi les partis, bien qu'en cartel et ayant conquis des sièges généralement dans les terroirs de leurs dirigeants où ils sont souvent bien implantés, ont exigé chacun la représentativité de leur communauté dans la sphère du pouvoir. La formation du premier gouvernement dirigé par Lumumba fut confrontée à cette réalité. Chaque parti de la majorité parlementaire réclamait un portefeuille (à travers leur cartel) au nom de la communauté ethnique militante. Depuis cette époque, l'identité ethnique s'est imposée parmi les critères de représentativité dans une institution étatique ; elle est, avec d'autres, indispensable à la légitimation politique. Pour cette raison, Lumumba avait tout fait pour représenter les communautés ethniques dans son gouvernement. Mais face à la difficulté de les satisfaire toutes, compte tenu de leur grand nombre (environ deux cent cinquante ethnies), il eut l'idée de les regrouper à travers les identités super-ethniques ou régionales. C'était la seule manière de les intégrer dans la nation en puisant dans les références identitaires ethniques larges ou subjectives. Si les partis de son cartel (MNC/L, UNC, PSA, COAKA, RECO, CEREA, BALUBAKAT…) ont raflé la mise pour les vingt-six portefeuilles prévus[1], son équipe gouvernementale fut pourtant représentative de toutes les communautés (super-ethniques). L'identité a été prise en compte en dépit de la défection de certains grands leaders : Albert Kalonji des baLuba, par exemple, avait décliné l'offre et le katangais Moïse Tshombe fut évité au profit de ses lieutenants. Ces ténors ont réduit le débat à leur absence au gouvernement, ils s'estimaient être de « vrais » leaders politico-ethniques investis de la légitimité de leur communauté. C'est pour cette raison que l'animosité de Tshombe et de Kalonji envers Lumumba a fini par contaminer leurs communautés, jusqu'à les opposer au gouvernement central dirigé par celui-ci, à travers les sécessions du Katanga et Sud-Kasaï.

Les tensions autour de la représentativité identitaire dans les institutions font de celle-ci, une fois prise en compte, un facteur d'intégration nationale. L'appartenance à l'une des communautés ethniques, super-ethniques ou régionales du territoire congolais définit dès lors l'identification à la nation. Toute initiative qui ignore ce paramètre dans la gestion publique constitue une menace à l'unité nationale et à la survie de l'État postcolonial.

Pour faciliter la mise en œuvre de cette représentativité ethnique dans l'État, le régime de Mobutu ou celui de la Deuxième République (1965-1990) a conçu la « politique de quota régional », appelée aussi « géopolitique nationale » sous la Transition démocratique (1990-2006). La fixation de quotas pour chaque

---

[1] Aundu Matsanza, G., *Politique et élites en RD Congo, op. cit.*, p. 60.

communauté ou région reposait sur divers paramètres que Vunduawe[1], l'un de ses concepteurs, précise être notamment les subdivisions territoriales et les catégories sociales d'appartenance. Ces paramètres étaient si affinés dans leur application que les nominations politiques devaient correspondre aux attentes des groupes afin qu'ils se croient représentés dans les institutions : une manière de conforter leur identification à la nation. Ce « quota régional ou communautaire » fournit des briques à l'édifice « nation congolaise ». La visibilité ethnique à travers un « frère » dans les méandres du pouvoir confère à la communauté le sentiment, et l'illusion, d'en faire aussi partie. Le « quota régional » redéfinit l'identité ethnique pour la calquer sur l'espace commun partagé[2] en dépit de sa diversité sociale et tribale. Les groupes qui y sont établis taisent leur singularité pour épouser une identité plus englobante, bâtie sur des références plus larges du territoire (région, district, quartier…). Ceci justifie l'identification de certains Congolais en *Kasaïens, Équatoriens, Katangais* ou *Kivusiens* comme s'il s'agissait d'ethnies afin de jouir de leur quota régional ainsi que des avantages y attachés. De ce fait, les identités ethniques larges deviennent tangibles par leur attachement à l'espace (province, district), ce qui fait du territoire de l'État une référence concrète d'identification à la nation congolaise.

C'est dans cette logique que l'histoire de ces entités est souvent réécrite en puisant dans les références traditionnelles[3] alors qu'on avait déconstruit le passé[4], surtout colonial. C'est le sens de politiques publiques initiées par le régime congolais de la Deuxième République. L'objectif était de réunifier la nation autour d'un unique leader ou modèle politique. Pour y arriver, appel est fait à la tradition et c'est la raison d'être de la politique de « recours à l'authenticité » initiée par Mobutu. Soutenue par l'idéologie nationaliste, le recours

---

[1] Vunduawe te Pemako, *À l'ombre du léopard : vérité sur le régime Mobutu Sese Seko*, Bruxelles, Zaïre Libre, 2000, p. 79.

[2] Di Méo, G., « Identités et territoires : des rapports accentués en milieu urbain ? » in *Métropoles*, janvier 2007, p. 77.

[3] Il faut relever au sein des universités africaines les initiatives de trois courants en histoire : l'école de Dakar au Sénégal (Abdoulaye Ly, Cheik Anta Diop, Ki-Zerbo…), l'école d'Ibadan au Nigeria (Keneth Dike, Ade Ajayi, Florence Mahomey…) et l'école de Dar es-Salaam en Tanzanie (Bethwell Allan Ogot, Ali Mazrui…).

[4] Havard, J.-F., « Histoires, mémoires collectives et constructions des identités nationales dans l'Afrique subsaharienne postcoloniale » in *Cités*, n° 29, 2007, p. 72.

à l'authenticité redéfinit le modèle politique traditionnel pour l'adapter à la période moderne postcoloniale. Le chef de l'État reprend autrement les attributs de chef traditionnel précolonial, et s'affiche désormais « Père de la nation ». Il incarne celle-ci et symbolise l'unique véritable identité collective. Ainsi a-t-il proscrit sous son régime les partis d'opposition politique, car contraires à la tradition : il ne peut y avoir deux chefs dans un même village ou deux pères dans un même foyer, disait-il. Par ce bannissement, il évite la polyarchie du pouvoir qu'il considère comme source de désordre susceptible de désintégrer la nation. Grâce au monopartisme et à la politique de « recours à l'authenticité » qui sublime la tradition, Mobutu prohibe tout ce qui pourrait anéantir celle-ci, notamment les références modernistes telles que les prénoms chrétiens, car non issus de la tradition congolaise. Il a ordonné leur remplacement par des post-noms issus du patrimoine culturel ancestral congolais. Ainsi lui, Joseph-Désiré Mobutu, devient Mobutu Sese Seko Kuku Ngbendu Waza Banga, pour signifier dans la tradition de ses ancêtres qu'il est éternel et puissant.

Après que ce régime ait institutionnalisé la répartition du pouvoir d'État sur une base ethnique, on observe une exacerbation de l'ethnicité et des revendications ethnicistes autour du « quota régional ». Le fait que le Président de la République en assure l'arbitrage pour une représentativité de tous dans les institutions de l'État fait de lui une référence, un garant des intérêts de chaque communauté, mieux : de l'intérêt collectif. Il devient ainsi une incarnation de l'identité collective puisqu'il assure à tous une place dans la nation.

Aussi, la réécriture de l'histoire congolaise par le régime de Mobutu à travers, notamment, le changement de nom de l'État (Congo devient Zaïre), de l'hymne national (La Zaïroise remplace Debout Congolais), de la monnaie (zaïre à la place de franc congolais), de villes coloniales (Léopoldville en Kinshasa, Luluabourg en Kananga, Élisabethville en Lubumbashi…) a redéfini les référentiels de la mémoire collective pour les localiser en sa personne. Dès lors, le socle de communauté nationale mute des ancêtres et pères de l'indépendance (issus de toutes les communautés) pour se focaliser principalement dans la personne du « Président-fondateur ». En tant que seul chef du Parti unique et de l'État, le Président de la République se place au-dessus des leaders, soient-ils de l'indépendance, qui d'ailleurs vont lui faire allégeance en sa qualité de seul « Père » de la nation ! Pour conforter cette position providentielle dans la nation, Mobutu construit des mythes et légendes qui déifient son origine et son pouvoir. À travers la bande dessinée et le cours d'éducation civique, il est présenté en vaillant garçon. À l'école on enseigne qu'il aurait à l'âge de sept ans tué un léopard qui l'avait attaqué ; par cette histoire, il s'est fait passer pour la personne sur qui se transfère la force du fauve dont il est devenu l'incarnation. C'est pourquoi, en « homme providentiel », il fait du léopard son animal totémique et emblématique, qu'il lègue à la nation congolaise en tant qu'armoirie de l'État.

Avec Mobutu, la nation dispose d'une nouvelle histoire dans laquelle il est, par son statut de chef de l'État, « Père » selon la volonté des ancêtres attestée par sa victoire sur le léopard. Il puise cette essence dans la tradition qui réserve ce statut à l'ancêtre principal (réel ou mythique) reconnaissable par ses exploits surnaturels. Selon cette tradition, la victoire sur une bête féroce, tel un léopard, un serpent géant, un crocodile mystérieux ou un lion, est un signe du choix, par les forces surnaturelles (les dieux ou mânes des ancêtres), de la personne qui doit régner ou être investie chef. On peut comparer cela à l'histoire du jeune David sacré roi par la volonté du Dieu d'Israël à travers le prophète Nathan : les signes de son choix furent notamment sa capacité à terrasser l'ours et le lion pour protéger son troupeau. Anne-Marie Tiesse relève que, par l'invention – réinvention – de ces traditions ou mythes, « ce qui fait la nation, c'est la transmission à travers les âges d'un héritage collectif et inaliénable… La création des identités nationales consiste à inventer ce patrimoine symbolique et matériel commun »[1].

Pour ne pas s'arrêter en si bon chemin, la liturgie politique de la Deuxième République ou du régime de Mobutu a perpétué cette tradition qui le mettait au centre de tout, en tant qu'homme-léopard et Père de la nation. Son régime, avec ses pratiques politico-liturgiques, peut être considéré comme un facteur majeur de consolidation de l'identité congolaise. Se référant à la tradition de terroir pour stimuler l'identification nationale en la personne de Mobutu, la liturgie politique s'est appuyée sur les chants et danses traditionnels. Appelée « animation politique », celle-ci consistait à vénérer par les chants et danses le chef, le patriarche reconnaissable par ses apparats du pouvoir : la peau de léopard, crocodile ou serpent ou encore les plumes d'oiseaux totémiques, la lance, le bâton ou l'arc à la main.

---

[1] Tiesse, A.-M., « Des fictions créatrices : les identités nationales » in *Romantisme*, n° 110, 2000, p. 52.

Dans cette optique, Mobutu modernisa l'accoutrement, adoptant la toque de léopard sur la tête et la canne sculptée pour confirmer l'essence traditionnelle ou ancestrale de son pouvoir. Il n'était pas choisi que par le peuple, il l'était avant tout par les ancêtres. Et l'adhésion populaire à travers chants et danses traditionnelles n'est qu'une manifestation de son sacre par les forces surnaturelles.

Le couronnement de cette liturgie consacre l'allégeance à sa personne confirmée aussi par la soumission de chefs traditionnels congolais réputés puissants : Kalamba Mangole des baLulua, Nyimi Lukengu des baKuba, Mutombo Katshi des baLuba, Mwant Yamv des baLunda, Mwenda Munongo des baYeke, Kasongo Nyembo des baLuba-Kat... Mobutu apparaît désormais, par leur adhésion au système de Parti unique, comme le seul grand chef de tous les chefs traditionnels du Congo (Zaïre). Pour garantir une représentativité[1] de leur communauté dans l'État, il les consulte lorsqu'il faut choisir les dirigeants ethniquement représentatifs à nommer. Ce soubassement traditionnel confère au pouvoir d'État une certaine inclusion ethnique, ce qui a procuré à Mobutu une notoriété incontestable et quasi-illimitée.

En outre, toujours d'après la tradition ancestrale, le chef est investi pour toute la vie[2]. L'alternance n'intervient qu'après le décès et rarement par abdication. Dans cette logique, le pouvoir devient une propriété familiale détenue par le père qui ne peut être remplacé par l'un de ses fils ou un membre de sa cour qu'après sa mort. Ainsi, Mobutu disait-il : « De mon vivant, il n'y aura pas de deuxième parti politique... ». Compte tenu de cette tradition, les Congolais ne devaient donc pas, d'après lui, s'imaginer une alternance politique de son vivant. De ce fait, pour conforter l'intégration à son régime, et par ricochet à la nation, il répartissait les responsabilités selon le quota régional afin de garantir à toutes les ethnies une certaine représentativité et une part des bénéfices du pouvoir. L'unité nationale était donc consolidée par le partage des ressources disponibles (prébendes) selon les identités ethniques.

---

[1] Aundu Matsanza, G., *État et partis au Congo-Kinshasa*, op. cit., pp. 96-132.
[2] Mambi Tunga-Bau, H., *Pouvoir traditionnel et pouvoir d'État en R.D. Congo contemporaine : esquisse d'une théorie d'hybridation des pouvoirs politiques*, Kinshasa, Médiaspaul, 2010, p. 28.

1.3.2. Le territoire de la nation : une convergence multiethnique

La diversité de l'espace congolais fut longtemps un casse-tête pour le pouvoir colonial, obligé de négocier ou de lutter contre différents chefs traditionnels. Pour s'imposer, il lui a paru impératif de concevoir un modèle d'organisation et de fonctionnement qui unissait les groupes sociaux sous une seule autorité sans porter atteinte à leur diversité. La gestion territoriale était au centre de ce modèle qui, depuis lors, n'échappe pas à la réflexion des dirigeants politiques postcoloniaux successifs. Il est évident qu'une perte de contrôle du territoire est une menace pour l'unité nationale et peut désintégrer l'État.

Pour cerner la construction de la nation à travers les mutations du territoire, il faut remonter aux conquêtes coloniales, aux découpages et aux réformes territoriales subséquentes. En effet, le colonisateur a délimité les subdivisions spatiales africaines selon un modèle de frontières de type linéaire[1], issu des États-nations d'Europe. Il les a compartimentées pour étatiser chaque portion placée sous une autorité publique. Cette démarche, tout en dépeçant des territoires, a aussi, dans certains cas, fusionné divers espaces précoloniaux dans un seul et même État aux frontières bien définies ; et dans d'autres cas, éparpillé certains de ces espaces entre plusieurs États.

Pourtant les délimitations territoriales de l'Afrique précoloniale n'étaient ni linéaires ni régies par un seul type de frontières. Ces entités précoloniales étaient composées d'une superposition d'espaces[2] : espace d'échanges bâti sur les activités économiques ou commerciales (le marché), espace politique bâti sur la conquête ou l'alliance militaire (empire et royaume), espace linguistique fondé sur l'usage d'une langue ou le partage d'une culture (croyance ou religion commune)... En imposant son modèle de frontières uniques et linéaires à travers la Conférence de Berlin (1885) qui découpa l'Afrique en morceaux selon ses propres critères, le colonisateur a fondu ces divers espaces antérieurs qu'il a ensuite reconstitués autrement pour en faire un seul espace, baptisé « territoire national », régi par le pouvoir d'État. Si de ce bricolage a émergé l'État

---

[1] Bennafla, K., « Les frontières africaines : nouvelles significations, nouveaux enjeux » in *Bulletin de l'Association de Géographes français*, n° 2, juin 2002, p. 136.
[2] Amselle, J.-L. et Elikia Mbokolo, *Au cœur de l'ethnie : ethnie, tribalisme et État en Afrique*, Paris, La Découverte, 1985.

colonial, celui-ci va construire en Afrique la nation qui a engendré l'État postcolonial ou moderne.

D'après le partage de Berlin, l'État indépendant du Congo (ÉIC) fut la part de Léopold II, roi des Belges. Vaste territoire diversifié et difficile à contrôler, l'ÉIC se composait de nombreuses entités traditionnelles dont certaines centralisées et d'autres segmentaires. L'autorité coloniale dut affronter un sérieux problème de gouvernance, à cause de cette multitude de formes de gouvernement précolonial (segmentaire, centralisée, souple, autoritaire) dans l'espace sous son contrôle. Pour résoudre cette difficulté et asseoir sa domination, elle a regroupé ces entités traditionnelles selon ses propres critères, ce qui lui a permis de neutraliser les monarques précoloniaux, de reconstruire leurs territoires, qu'il a ensuite incorporés à l'État sous son autorité. Cette restructuration a mené à une identification nouvelle des populations, ce qui confortait sa propre position de dominant.

À cette fin, le décret du 1er août 1888 a instauré des « districts » qui regroupaient les entités traditionnelles. Toutefois, un décret royal du 6 octobre 1891 attribuait aux entités centralisées (Zande, Yaka, Kongo, Lunda...) un statut de « chefferies » régies selon la coutume. Mais face à la résistance de certains chefs traditionnels, l'autorité coloniale décida, par un autre décret du 6 juin 1906, de les fusionner pour en faire un autre type de chefferies traditionnelles conformes à ses objectifs. Ces chefferies au modèle colonial sont instituées entités administratives d'État, dirigées par des chefs traditionnels nommés, à défaut d'être reconnus. Cette reconfiguration du territoire anéantit les anciens royaumes et empires, lesquels sont éclatés et incorporés diversement dans le nouvel espace colonial.

Quant aux entités segmentaires (Budja, Salampasu, Tetela,...), compte tenu de leur faible démographie et de leur grand nombre, un décret de 1904 les regroupa en « secteurs ». Les secteurs furent dirigés, comme les chefferies, par des chefs nommés par l'administration. Dénommés *Kapita*, ces chefs troquaient l'apparat traditionnel pour l'uniforme du système colonial : ils étaient bien un maillon dans son modèle de gestion. Les meilleurs agents étaient encouragés par des médailles afin de les fidéliser dans le nouveau système hiérarchique. L'invention de traditions[1] autour des fonctions exercées devait les motiver davantage dans leur fonction d'exploitation et domination. Une fois suffisamment intégrés, les

---

[1] Hobsbawm, E. et Ranger, T., *L'invention de la tradition*, op. cit., p. 248.

Kapita se dévouaient à leurs tâches qui, en conséquence, unifiaient le territoire en soumettant leurs frères indigènes à la seule autorité du colonisateur.

On a dénombré au Congo belge quatre cent cinquante-deux (452) chefferies pour cinq cent neuf (509) secteurs en 1950. C'est le commissaire de district qui avait la compétence de créer le secteur par un regroupement de petites chefferies ou villages ; c'est aussi lui qui en désignait le chef ainsi que les notables du conseil de secteur.

Ces recompositions territoriales (transformation de chefferies traditionnelles centralisées en chefferies coloniales et regroupement de villages segmentaires en secteurs) ont brassé les espaces traditionnels antérieurs (politique, commercial, culturel et linguistique) au sein du nouvel espace colonial. Les communautés opposées ou distantes d'antan ont été rapprochées à travers l'administration territoriale. Le système colonial, avec ses agents (*Kapita*, soldats, fonctionnaires…) reconnaissables par leurs uniformes et autres marques distinctives, est devenu, par sa capacité de contrainte, une machine intégratrice. Toutes les personnes recrutées dans « la Territoriale » sont formatées par des codes spécifiques qui inculquent un comportement approprié à la fonction. Leurs rôles favorisent de nouvelles identifications, à cause notamment de sanctions administratives lorsque, par exemple, le quota de production coloniale imposé à une entité (chefferie, secteur, village) n'est pas atteint. C'est le cas pour la livraison d'ivoire, la récolte de caoutchouc d'hévéa… Des sanctions collectives suscitent et confortent une identification forgée par le sort commun, en dépit de la diversité (ethnique ou clanique) de ces entités reconstituées. Ce traitement, souvent dégradant, engendre une conscience identitaire collective chez les dominés.

Voulant rendre toujours plus efficace sa gestion du territoire, le colonisateur a encore réformé ces chefferies et secteurs en remodelant les districts par un autre décret du 2 mai 1910. À la suite de celui-ci et grâce au décret du 28 août 1914, ces districts ont été regroupés pour constituer les quatre premières provinces du Congo : le Kasaï (districts de Léopoldville, Bas-Congo, Kwango, Kasaï et Sankuru), l'Équateur (districts de l'Ubangi, Bangala, Lulonga, Équateur et Lac Léopold II), le Katanga (districts du Lomami, Haut-Luapula, Lulua et Tanganyika-Moëro) et la Province-Orientale (districts du Bas-Uele, Aruwimi, Maniema, Kivu, Haut-Uele, Stanleyville et Ituri). Il faut relever que la formation de districts prend en compte divers paramètres dominants : pour certains, le facteur commercial ou politique ; pour d'autres, le facteur culturel ou linguistique… Toutefois, l'élément récurrent à tous est la diversité ethnique. Aucune province, voire aucun district n'était monoethnique. Cela va conforter par la suite les nouvelles identifications telles que : baNgala, fusion de plusieurs ethnies sous une même dénomination ; baKasaï ou baLuba, regroupement de plusieurs ethnies sous couvert de la langue ou d'un territoire commun.

On observe que ces subdivisions territoriales coloniales sont réappropriées par les autochtones pour en faire leurs identités surtout avec l'émergence de « Centres extra-coutumiers », ébauche de futurs centres urbains. Ces entités multiethniques sont formées progressivement jusqu'à devenir des agglomérations dont les populations ne dépendent plus de chefs traditionnels. Transformées, par une ordonnance du Gouverneur général du 12 février 1913, en « cités indigènes » regroupant plusieurs Centres extra-coutumiers, elles sont au juste des lieux de cantonnement de la main-d'œuvre indigène disponible tant pour les entreprises, les administrations que pour les maisons de blancs. Généralement établies à côté des centres occupés par les coloniaux, ces « cités indigènes » ont constitué avec les cités « blanches ou européennes » les premières villes coloniales selon un décret de 1923. Donc, elles sont de véritables moules de brassage ethnique qui vont conforter l'identité nationale.

L'arrêté royal du 29 juin 1933 procède à une nouvelle réforme territoriale qui fait passer le Congo de quatre à six provinces (Léopoldville, Costermansville, Coquilhatville, Élisabethville, Lusambo et Stanleyville). En 1947, ces six provinces sont subdivisées en vingt-cinq districts.

Ces multiples changements de cohabitation dans ces lieux multiethniques modifient les perceptions et remodèlent les identités de groupes. Les références spatiales (quartier, district, province…) supplantent les références sociales pour rassembler divers groupes (ethniques et autres) dans une identité marquée par les traits de nouvelles entités territoriales. Pour cette raison, Guy Di Méo estime, s'inspirant de Nicos Poulantzas, que « la construction d'un État-nation et d'une identité nationale requiert l'historicité d'un territoire et la territorialisation d'une histoire »[1].

Ainsi, les droits coutumiers usités dans les entités rurales homogènes n'étaient plus applicables dans les cités indigènes

---

[1] Di Méo, G., *op. cit.*, pp. 77-79.

urbaines à cause de la diversité ou de l'hétérogénéité des populations. À la place ont émergé des jurisprudences des tribunaux et parquets qui ont fait émerger un autre type de droits spécifiques aux indigènes citadins. Ces droits sont inspirés par les principes du droit belge mêlé à la « coutume urbaine » des cités. Pour Pauwels, l'apparition de ce qui est qualifié de droits indigènes en lieu et place de droits coutumiers s'explique par « la volonté de l'autorité européenne locale d'utiliser les tribunaux indigènes dans le cadre d'une politique d'assimilation […] On ne s'est pas contenté d'utiliser les tribunaux pour assurer une administration de la justice bien ordonnée, on les a utilisés pour introduire à Léopoldville un droit à coloration européenne »[1]. L'anéantissement des droits coutumiers en milieu urbain et l'émergence de droits indigènes uniformes et conformes à tous, quelle que soit l'origine ethnique, unifie et conforte l'identification à l'espace urbain puis national.

On voit bien que l'historicité de l'identité congolaise découle d'un va-et-vient permanent entre les villes ou centres urbains et les campagnes. Les élites, brassées tant par les inventions de traditions et le nouveau mode de gestion du territoire colonial (notamment les chefs traditionnels) que par la culture indigène urbaine (les *clercs* ou *évolués*), en sont des moteurs. Ces élites ont stimulé et répandu pour une large part les références d'identification à la nation congolaise. À travers leurs initiatives, les traditions et symboles communs issus du système colonial (le drapeau étatique, l'hymne à la Belgique, l'uniforme d'agent colonial) sont répandus et assimilés notamment à travers l'école, l'armée, l'administration. À l'indépendance, ces traditions et symboles sont non seulement recopiés et réadaptés au cadre postcolonial, mais aussi réappropriés en tant qu'éléments d'identité collective nationale.

Dans cette volonté d'affirmer l'unité nationale, le découpage territorial d'octobre 1962 (de six à vingt-deux provinces) visant à construire des entités territoriales ethniquement homogènes est vite abandonné en décembre 1966 après l'accession de Mobutu au pouvoir. L'évolution identitaire à travers l'expérience coloniale a rendu rétrograde ce modèle d'organisation territoriale. Le stimulus nationaliste a mené Mobutu à réduire ce nombre de vingt-deux (22) à neuf (9) provinces. Cette réforme de 1966 poursuivait un double

---

[1] Pauwels, H., « Rechtskeun en Vorming van een Eenvonnige Stadsgewoonte in de inlandse rechtbanken te Leopoldstad » in *Annales du Musée royal d'Afrique centrale*, 60 (1967), p. 477.

objectif, à savoir : la centralisation politico-administrative par l'unicité de commandement, et l'intégration nationale par la satisfaction de revendications ethniques. Les baLuba réclamaient une province spécifique, à travers le MNC/K suite à leur conflit avec les baLulua. De même, les baKongo voulaient le fédéralisme prôné par l'ABAKO pour préserver leur particularité. C'est pourquoi le Kasaï est scindé en Kasaï-Oriental et Kasaï-Occidental, tandis que la Province de Léopoldville est divisée en Bas-Congo, Bandundu et ville-province de Kinshasa.

Le mixage des ethnies par ce remodelage du territoire a fait muter les identités qui, en définitive, ont fusionné en une seule pour devenir, selon le cas, régionale ou nationale. Cette mutation est facilitée aussi lorsqu'en 1967, Mobutu a mis fin aux gouvernements provinciaux et à l'autonomie des provinces. Dès lors les gouverneurs n'étaient plus élus mais nommés, comme sous la colonisation, par le chef de l'État ; ce qui encourageait les permutations, quelle que soit l'origine ethnique des nommés. Ce fut une politique publique d'intégration nationale conçue par Mobutu qui la dénommait « l'administration de non-originaires ». Elle consistait dans le fait de ne plus affecter aucun autochtone dans l'administration territoriale de son terroir d'origine. Les permutations des agents de l'État étaient obligatoirement prônées pour accroître d'une part le brassage ethnique dans le territoire national, et d'autre part la fidélité des nominés à sa personne.

Dans cette fonction de brassage du territoire étatique, l'intégration nationale sous Mobutu misait aussi localement sur le rôle fédérateur des chefs traditionnels. Ceux-ci, références d'identification des communautés, ont reçu du pouvoir public congolais le statut d'agents de l'État pour faire converger celles-ci dans la nation. En tant que mémoire de groupe (ils détiennent des connaissances relatives aux traditions[1]), les chefs traditionnels confortent l'identification à la collectivité. Les néo-traditions, issues notamment de politiques de « recours à l'authenticité » ou « quota régional » de Mobutu, ont fait d'eux, comme nous le verrons au chapitre suivant, des éléments intégrateurs des communautés dans l'État-nation.

À ce propos, le concours organisé par le régime de Mobutu autour de traditions culturelles congolaises, notamment en 1987 à Kinshasa, visait à susciter l'émulation entre les communautés afin de doter le Congo d'un patrimoine culturel national multiethnique.

---

[1] Mambi Tunga-Bau, H., *op. cit.*, p. 70.

Chacune des provinces ou communautés ethniques participantes vulgarisait sa spécificité qu'elle voulait faire figurer dans le patrimoine culturel national. Par cet événement, une certaine fierté d'appartenir à la nation congolaise se crée auprès de ces communautés ethniques par la visibilité de leur culture spécifique.

Dans le prochain chapitre, nous verrons avec les milices ethniques « Maï-Maï » que les chefs traditionnels participent à la sauvegarde du territoire étatique et de l'unité nationale en couvrant les faiblesses du pouvoir central. Par leur apport, ils empêchent la dislocation du territoire national, occupé par diverses armées étrangères (Ouganda, Rwanda). Depuis lors, les chefs coutumiers sont des résistants à l'invasion étrangère. Pour cette raison, leur association soutient que « dans les circonstances particulières que connaît la RD Congo où l'État, pour la plupart des fois et dans beaucoup de groupements, n'est plus qu'un défunt en putréfaction, seuls les chefs coutumiers maintiennent et entretiennent l'idée de l'État en assurant... la protection des biens et des personnes »[1].

L'entité territoriale de base assure la survie de l'État par l'action de ses membres encadrés par le chef traditionnel. Par cet encadrement, elle affirme le vouloir-vivre ensemble congolais.

1.3.3. La diversité linguistique ou la nation congolaise plurielle

Un autre casse-tête auquel s'est butée l'autorité coloniale pour contrôler le territoire qui lui fut attribué par la Conférence de Berlin fut la langue de communication. L'espace congolais regroupe plus de deux cents (200) ethnies qui regorgent d'approximativement quatre cent cinquante (450) tribus dont chacune parle au moins un dialecte. Cette diversité linguistique a accru la difficulté de nouer des relations durables avec les autochtones. Pour le colonisateur, il était essentiel de trouver un moyen de communiquer avec ces populations pour mieux les soumettre. Mais le problème[2] fut celui du choix d'une langue au milieu d'une multitude de dialectes : fallait-il imposer une langue européenne dans l'administration et l'enseignement, ou promouvoir exclusivement les langues locales ?

---

[1] ANATC, *Contribution des chefs coutumiers de la R.D. Congo aux travaux de consultation sur l'état de la nation*, Kinshasa, document inédit, 2000, in Mambi Tunga-Bau, *op. cit.*, p. 70.

[2] Alexandre, P., « Problèmes linguistiques des États négro-africains à l'heure de l'indépendance » in *Cahiers d'Études africaines*, n° 6, vol. 2, 1961, p. 182.

Une solution ambivalente fut trouvée qui d'une part poussait les autochtones au service du pouvoir colonial à acquérir les rudiments de la langue européenne (le français) avec ses corollaires, notamment l'écriture ; et qui d'autre part préconisait la prééminence[1] d'une langue locale au milieu de plusieurs dans une entité territoriale (district ou province) afin de faciliter le contact entre les coloniaux et leurs auxiliaires indigènes et les populations en général.

La primauté accordée à une langue locale est déterminée par divers critères qui dépendent des réalités de chaque zone : tantôt le fait d'être le dialecte le plus répandu géographiquement ou démographiquement, tantôt le fait d'être sociologiquement et politiquement le dialecte du groupe ethnique dominant, tantôt le fait d'être culturellement le dialecte le mieux décrit ou le plus accessible, tantôt encore le fait d'être intellectuellement le dialecte le plus facile à apprendre par les colons et les indigènes d'autres ethnies.

Pour promouvoir ces langues locales, des acteurs-piliers de la Colonie sont associés. À côté de l'administration et les entreprises, l'Église catholique a joué un rôle majeur par ses missionnaires qui ont codifié et vulgarisé ces langues par l'enseignement (école, séminaire) et les activités ecclésiastiques (homélies…).

Crawford Young[2] écrit qu'en 1958 au Congo, 80 % des chrétiens étaient catholiques. L'Église disposait de six cent soixante-neuf (669) postes de mission animés par six mille (6 000) missionnaires principalement belges assistés d'environ cinq cents (500) prêtres africains, dont le nombre augmentait de trente-cinq (35) à quarante (40) par an. En outre, trois cent quatre-vingt-six (386) religieux frères et sept cent quarante-cinq (745) sœurs étaient affectés prioritairement à l'enseignement et à la santé.

Ce réseau se prolongeait jusque dans les petits villages à travers vingt-cinq mille cinq cent soixante-six (25 566) catéchistes assurant l'instruction religieuse élémentaire. La liaison de ces villages avec la hiérarchie ecclésiastique était assurée par la visite régulière des missionnaires afin de conforter les catéchistes dans leur mission. Ces effectifs catholiques équivalaient presque à ceux des agents de l'administration coloniale.

Pour se garantir l'apport d'associés catholiques, l'ÉIC a signé un concordat avec le Vatican en 1906 afin que soient affectés

---

[1] *Ibid.*
[2] Young, C., *op. cit.*, p. 13.

prioritairement au Congo des missionnaires d'origine belge, contre la garantie d'une subvention publique pour les œuvres missionnaires et de terrains pour leur installation durable dans la Colonie.

Cette coopération Église-État a encouragé aussi les missionnaires à mener des études ethnographiques et anthropologiques sur les groupes au sein desquels ils étaient installés. Leurs travaux au Congo (Karl Laman, Leo Bittremieux et Jozef Van Wing chez les baKongo, E. Boelaert, G. Hulstaert et A. De Rop chez les baMongo,…) aboutirent à une simplification des langues par l'établissement d'un alphabet assimilable par tous (coloniaux et ethnies étrangères).

À ce propos, nous nous accordons avec Olivier Morin[1] lorsqu'il soutient que les langues les plus diffusées et les plus apprises par une diversité d'individus ont tendance à être simplifiées pour être encore plus aisément apprises par un grand nombre. La prééminence d'une langue locale au détriment d'autres a contribué à l'évolution du concept d'identité ethnique, laquelle permet l'apparition et la diffusion de nouvelles cultures et l'intégration ou le brassage des groupes. L'administration l'encourageait à travers ses formulaires d'identification qui entendaient notamment par « tribu d'appartenance » une grande ethnie en lieu et place du clan ou groupe tribal. À titre d'exemple, Young[2] relève que les indigènes du Kasaï devaient mentionner « Baluba » au lieu de « Bakwa Kalonji », « Bakwa Kajinga », « Bena Ngeleka », « Bena Tshimbi », « Kanyoka »[3]… « Baluba » devint une identité collective de plusieurs groupes d'expression linguistique tshiLuba. Cette langue fut codifiée puis vulgarisée par les missions (Émile Willems,…) auprès de groupes autres que Luba (Songye, Bindji, Shilele, Salampasu,…) et apprise par les fonctionnaires affectés dans ces entités (J. Paelinck, gouverneur du Kasaï,…). Ainsi, le tshiLuba est promu langue véhiculaire dans toute cette zone ou région au détriment des langues vernaculaires.

De même à l'Équateur, le liNgala d'usage dans le commerce entre groupes locaux est conforté dans son rôle véhiculaire par la Colonie qui en fait l'idiome de la Force publique. L'expansion de son usage a valu aux usagers l'étiquette de « Bangala » c'est-à-dire

---

[1] Morin, O., *Comment les traditions naissent et meurent : la transmission culturelle*, Paris, Odile Jacob, 2011, p. 173.
[2] *Ibid.* p. 131.
[3] Aundu Matsanza, G., *État et Partis au Congo Kinshasa, op. cit.*, pp. 66-70.

l'ethnie des lingalaphones. Ainsi est née une nouvelle ethnie, pourtant inexistante avant la colonisation.

Dans cette même logique, les études de J. Van Wing sur les groupes ayant appartenu au royaume Kongo ont poussé le kiKongo comme principal idiome véhiculaire des contrées de l'extrême ouest. Edmond Nzeza Landu, qui fut associé à ces études de Van Wing, a créé l'association ABAKO pour promouvoir cette langue. Le kiKongo est simplifié puis vulgarisé dans toute la région de Léopoldville. La présence des baNgala dans cette ville et l'expansion croissante de leur langue ont motivé l'ABAKO à agir pour contrer son usage dans un territoire considéré Kongo.

La même logique assura l'essor du swahili dans l'est du Congo.

Louis De Clerck[1] confirme que dans la pratique, l'administration n'utilisait que quatre langues dans ses rapports avec la population indigène : le kiKongo dans la province du Bas-Congo, le tshiLuba dans la province du Kasaï, le liNgala dans le nord (Équateur et Province-Orientale) et le swahili dans l'est (Kivu et Katanga). Toutefois, certains administrateurs parlaient aussi l'idiome propre au territoire qu'ils administraient, d'autant plus que la maîtrise des langues africaines était un des critères de promotion professionnelle.

Utilisées tant par les administrateurs coloniaux que par les missionnaires catholiques au contact avec les indigènes, ces langues véhiculaires ont uni de larges zones constituées de divers groupes ethniques ou sociaux. Leur enrichissement par des idiomes et par les phonétiques propres d'autres dialectes locaux, voire étrangers (le néerlandais, le français ou l'arabe) a conforté aussi leur codification et leur vulgarisation grâce à une simplification grammaticale.

L'adoption de langues est associée aux découpages territoriaux. Dans chaque district, une langue est privilégiée au détriment d'autres. La division du Congo belge en quatre provinces à partir de 1914 a fait émerger également ces quatre langues véhiculaires nationales : tshiLuba et kiKongo au Congo-Kasaï (regroupement du Bas-Congo et du Kasaï), liNgala à l'Équateur et dans une partie de la Province-Orientale, kiSwahili au Katanga, au Kivu et dans une partie de la Province-Orientale. Ce modèle de gestion linguistique ou culturelle et administrative est à l'origine des « super-ethnies » structurées autour de ces langues. D'où l'émergence de nouvelles

---

[1] De Clerck, L., « L'administration coloniale belge sur le terrain au Congo (1908-1960) et au Ruanda-Urundi (1925-1962) » in *Annuaire d'Histoire administrative européenne*, n° 18, 2006, p. 197.

communautés à base linguistique plutôt que primaire (du sang). Il faut constater que cette gestion des langues a fait évoluer la perception de l'identité.

Les super-ethnies linguistiques sont aussi consolidées par la réforme territoriale de 1933, qui subdivise le Congo en six provinces. Cette réforme a suscité des aires culturelles grâce au regroupement des entités territoriales en fonction de la langue véhiculaire commune. Ainsi, le kiKongo est prédominant en province de Léopoldville[1] ; dans la province de Lusambo[2], c'est le tshiLuba ; dans les provinces de Coquilhatville[3] et Stanleyville[4], le liNgala ; et le kiSwahili est répandu dans celles de Costermansville[5] et d'Élisabethville[6].

La promotion de ces langues locales est déterminée aussi par l'ouverture des groupes au système colonial, par la disposition de leurs chefs traditionnels à collaborer avec le colonisateur. Pour cette raison au Kasaï, par exemple, le tshiLuba, langue de chefs coopératifs fournissant au colonisateur une main-d'œuvre docile (Kalamba, Mutombo Katshi,…), fut favorisé au détriment notamment du loTetela, langue des baTetela. Ceux-ci sont notés[7] « d'esprit indocile » vis-à-vis du système colonial, suite à la mutinerie de Luluabourg de 1895 à 1899 et à diverses rébellions entre 1904-1905, 1908-1912 et 1920-1921.

Grâce encore à la collaboration des baNgala et de leurs chefs au service de la Colonie, le liNgala fut fortement promu. Recrutés dans la Force publique, ils soumettaient violemment les autres indigènes, les forçant à obéir aux instructions coloniales (quota de production de caoutchouc par exemple). Ce liNgala, devenu langue de l'armée, s'est diffusé partout par les mutations de soldats à travers le territoire colonial. Son usage hors de la région baNgala est ressenti souvent comme une invasion par les autres ethnies, contraintes d'exécuter les instructions transmises par les soldats.

Les stéréotypes collés à ces langues par le colonisateur (administration, Église catholique et entreprises) confortaient aussi

---

[1] Regroupement des districts suivants : Léopoldville, Bas-Congo, Kwango et Lac Léopold II.
[2] Regroupement des districts : Kasaï et Sankuru.
[3] Regroupement des districts : Congo-Ubangi et Tshuapa.
[4] Regroupement des districts : Stanleyville, Uele et Kibali-Ituri.
[5] Regroupement des districts : Kivu et Maniema.
[6] Regroupement des districts : Tanganyika, Lualaba et Haut-Katanga.
[7] Turner, Th., *op. cit.*, p. 77.

leur usage chez les indigènes. Ainsi s'effectuait la socialisation (nationale ou des groupes) notamment à travers le liNgala de l'armée, ou les homélies de l'Église catholique. Relativisons néanmoins : en dépit de son étiquette de « langue des braves », le liNgala était rejeté dans d'autres entités (Kasaï, Katanga...) puisqu'il symbolisait les brimades policières ou administratives. Mais il assurait l'intégration des autochtones militaires et fonctionnaires dans une perception communautaire nationale. Grâce à la mobilité des agents de l'État et des commerçants, les langues véhiculaires nationales ont été diffusées, à telle enseigne que les Congolais sont devenus polyglottes puisqu'ils usent tous d'au moins deux langues.

L'émergence du mouvement associatif a conforté encore l'usage de ces langues. Ainsi, l'ABAKO militait à Léopoldville en faveur du kiKongo, tandis que la FEDEKA prônait le tshiLuba à Luluabourg,... Ces langues véhiculaires ont stimulé la naissance d'aires culturelles à l'origine de quatre super-ethnies (baKongo, baNgala, baLuba, baSwahili) constitutives de la nation congolaise. Ces super-ethnies confèrent au nationalisme congolais une forte dimension ethnique. C'est pourquoi les références à l'ethnie (appartenance à un groupe ethnique local, maîtrise d'une langue véhiculaire, appellation ou nom issu du patrimoine ancestral...) sont aussi celles d'une identification à la nation, voire d'intégration d'individus *outsiders* à la nation congolaise. Cette dimension est reprise dans les Constitutions successives à travers le fait que la nationalité congolaise soit « une et exclusive »[1]. C'est dire qu'elle ne peut être concomitante avec une autre nationalité, car un individu ne peut naître de plus de deux géniteurs issus chacun d'une ethnie. Cette perception privilégie l'origine ethnique tout en minimisant l'apport civique à la nation. C'est pourquoi le nationalisme vulgarisé dans ce contexte encourage l'exclusion de ceux qui ne prouvent pas leur origine ethnique congolaise dans la détention ou l'exercice de la citoyenneté. D'où la xénophobie, parfois, dans les discours de certains acteurs surtout lors des conflits politiques.

De ce fait, les langues véhiculaires (liNgala, tshiLuba, kiKongo, kiSwahili) et les références identitaires « super-ethniques » y attachées (culture, groupe d'origine, territoire...) constituent les principaux ferments de l'imaginaire national du peuple congolais. Cette nation est donc plurielle à cause de sa diversité ethnique

---

[1] Article 10 de la Constitution du 18 février 2006 issue du référendum populaire et révisée en 2011.

moulée par l'histoire (précoloniale, coloniale et postcoloniale) qui lui attribue une seule identification pour ses populations. Nous souscrivons dès lors à cette pensée d'Anne-Marie Tiesse selon laquelle « les identités nationales ne sont pas perçues comme le produit d'une reconfiguration homogénéisant les différences, mais comme des formations sui generis et parfaitement autonomes »[1]. La nation est un construit permanent et sui generis, elle ne peut être réduite à la seule détention de quelques éléments tels qu'une langue nationale exclusive.

Généralement, les références nationales s'entrecroisent pour créer une vraie fusion. Un groupe, à l'instar d'une ethnie, peut user de plus d'une langue[2] en son sein, mais cela ne l'empêche pas de constituer une communauté, un peuple. En tant que produit d'une histoire particulière, la nation résulte du temps qui la dote d'attracteurs (références), lesquels confèrent à ses divers groupes des propriétés du vouloir-vivre ensemble. La communalisation n'impose pas nécessairement la disparition des langues vernaculaires au profit d'une seule langue véhiculaire, mais elle construit l'unité ou la communauté à partir des consensus manifestés par des pratiques sociales de conformité et de déférence. C'est pourquoi Samuel Huntington[3] qualifie d'identité dérivée une identité nationale puisqu'elle découle d'autres sources : la géographie (le territoire), la culture (la langue, l'ethnie, l'histoire, la religion), le politique (l'État, l'idéologie), l'économique (le mode agricole) ou le social (le milieu). De ce fait, la nation ne tient pas à un seul élément mais à un enchevêtrement de facteurs qui se consolident dans le temps et dont certains peuvent prendre plus d'emprise que d'autres. L'important est leur assimilation et leur transmission par ses membres en tant que références de leur identité commune. Une fois établie, cette identité conditionne et délimite les comportements par des valeurs collectives (nationales) spécifiques, qui les distinguent par rapport aux autres. Toujours pour Huntington[4], cela aboutit à la comparaison de « nous » et de « eux » puis à l'évaluation et à la justification, lesquelles engendrent la concurrence entre nations. Ce fait les consolide à travers des contacts mutuels.

---

[1] Tiesse, A.-M.., *op. cit.*, p. 61.
[2] Nadel, S.F., *Byzance noire : le royaume des Nupe au Nigeria*, Paris, Maspero, 1971.
[3] Huntington, S.P., *Qui sommes-nous ? Identité nationale et choc des cultures*, Paris, Odile Jacob, 2004, p. 42.
[4] *Ibid.*, p. 38.

Dans ce sens, les menaces pour la stabilité et l'unité d'une communauté constituent des opportunités quant à sa redéfinition et sa consolidation. Nous le verrons par l'impact des conflits armés et des crises politiques sur le renforcement de l'identité nationale congolaise.

1.4. AGENTS DE SOCIALISATION NATIONALE EN RD CONGO

L'acquisition ou l'assimilation de l'identité nationale congolaise passe par divers canaux et agents. Les principaux sont, pour nous ici, notamment les groupes de pairs et l'école.

1.4.1. Les groupes de pairs

Par groupes de pairs[1], il faut entendre les agents sociaux qui confèrent des valeurs aux croyances et idées, produisent des discours et pratiques qui légitiment et perpétuent une organisation sociale ou politique. Ils forment des réseaux dans les milieux tant professionnels que sociaux (groupes d'appartenance : un ordre professionnel, l'armée, l'Église, une entreprise, un orchestre, une équipe de football, un groupe d'animation culturelle...) à l'origine, entre autres, des expressions qui confortent l'identité collective. Ces expressions devenues populaires participent par la simplification de leur diffusion à la socialisation nationale. Nous découvrirons plus loin que l'identité congolaise est à la fois transmise et réinventée[2] constamment par le milieu et le contexte. De cette façon, les expressions verbales ou langagières non seulement remettent à jour les références communes mais elles les réactualisent aussi à travers les langues véhiculaires. Par exemple, en liNgala, la socialisation nationale s'accroche au sens créateur et loufoque de la société congolaise. À travers ses expressions, la culture nationale se transmet et se réinvente constamment, contribuant à l'enracinement des références d'identification collective.

À titre illustratif, limitons-nous à celles-ci : « *Congo, eloko makasi* » (Congo fort), « *Congo, mboka na biso - mboka ya bakoko* » (Congo, le nôtre – la terre de nos ancêtres), et « *Balingaka biso te* » (Nous sommes haïs).

L'expression « *Eloko makasi* » (Congo fort) est issue d'une chanson de l'artiste J.B. Mpiana ; elle véhicule l'idée d'un Congo

---

[1] Aundu Matsanza, G., *Comprendre la science politique en 9 leçons, op. cit.*, p. 196.
[2] Morin, O., *op. cit.*, p. 39.

tenace qui ne baisse pas l'échine face à l'adversité ; son peuple fait bloc et affronte ses ennemis avec courage et assurance. Très exploitée dans le contexte sportif (football) ou militant, cette expression mobilise et unit les Congolais par leur identité. Elle encourage la fierté nationale lorsqu'il faut concourir ou rivaliser avec d'autres nations. Le nationalisme sportif vient stimuler l'identité nationale perçue, lors de compétitions, au-dessus de toute autre forme d'identité de groupe (ethnies,…). Ce sentiment distingue clairement la communauté du « Nous » de celle du « Eux », et il se transforme, en cas de défaite sportive, en pulsion de mort, de destruction chez les supporteurs. Cette réalité s'est extériorisée notamment lors de l'émeute du 4 janvier 1959 à Léopoldville, quand les militants de l'ABAKO, frustrés par une interdiction de manifester, se sont mêlés avec les supporteurs d'une équipe de football défaite pour contester violemment cette décision. Ces frustrations de supporteurs-militants excitent le nationalisme et poussent à une expression brutale du sentiment national, comme avec les revendications d'indépendance nationale contre le système colonial.

Par l'expression « *Congo, mboka na biso – mboka ya bakoko* » (Congo, le nôtre – la terre de nos ancêtres), il est généralement question de pousser au civisme, à l'amour de la patrie ou de la nation. Cette formule veut mener les autochtones à percevoir le Congo comme leur propre village. Il faut savoir que le terme *mboka* se traduit à la fois par village, ville et pays ; bref par le terroir. Au juste, *mboka na biso* veut dire que le Congo doit être perçu, traité et défendu en tant que terroir ou village propre à chacun de ses ressortissants. En outre, l'expression *mboka ya bakoko* (la terre de nos aïeux) socialise l'idée selon laquelle le Congo, en tant que terroir, a une seule origine et constitue un legs de l'histoire des ascendants, qui mérite entretien et protection ; c'est un patrimoine immémorial commun. Cette acception découle des langues véhiculaires, voire vernaculaires, qui traduisent « État, pays ou nation » par des termes[1] qui renvoient à l'origine, à l'autochtonie. État et pays se traduisent par *mboka*, qui signifie aussi village, alors que la nation se dit *ekolo*, c'est-à-dire ethnie ou tribu. L'expression pour dire « notre Congo » conforte l'amour de ce pays en tant que notre village (*mboka*), mais le perçoit aussi comme occupé par une « ethnie nationale » (*ekolo*). Le fait de percevoir le Congo comme son propre village ou sa propre ethnie révèle donc un civisme

---

[1] Aundu Matsanza, G., *État et partis au Congo-Kinshasa, op. cit.*, p. 195.

ethnique. L'appartenance à un groupe autochtone s'imbrique dans le territoire de l'État et facilite la socialisation dans la nation.

Par l'expression « *Balingaka biso te* » (Nous sommes haïs), les Congolais s'imaginent victimes d'un complot des conglomérats étrangers. Pourquoi sont-ils ou peuvent-ils être haïs ? À cause des richesses naturelles de leur territoire national, pensent-ils (ils en sont d'ailleurs vraiment convaincus). Cette perception, amplifiée depuis peu à travers le *net/web*, les encourage à l'unité et à l'auto-prise en charge. Ils croient être victimes d'un complot de « Eux » (les pays voisins, occidentaux et autres) qui veulent leur disparition en tant que nation par la balkanisation de leur territoire. Par cette expression, ils s'interpellent, en tant que « Nous », pour une prise de conscience de la menace. La peur est instiguée pour stimuler la cohésion sociale et nationale. Cette instrumentalisation du « danger » autour des ressources naturelles est une œuvre des régimes autoritaires successifs (Mobutu, Laurent et Joseph Kabila) afin de fédérer la nation autour d'un homme, symbole de l'unité et garant de la sécurité de tous. Voulant consolider leur pouvoir en suscitant de la peur, ces dirigeants renforcent aussi la cohésion nationale autour de leur personne. Ils sont amenés par ce jeu politique à bâtir des mythes et une filiation avec les personnalités historiques marquantes. Cette relation d'ascendance est brandie comme une continuité de la lutte politique de ceux qui ont sacrifié leur vie pour faire aboutir un idéal commun congolais, notamment Simon Kimbangu, Patrice Lumumba, Joseph Kasa Vubu…

Cette approche a mené Mobutu à s'accrocher à l'idéal de Patrice Émery Lumumba en le proclamant héros national le 30 juin 1966. Ensuite, il s'est fait couronner à son tour second héros national, le 22 décembre 1966 par le Corps des Volontaires de la République (CVR), une structure qu'il venait de créer pour soutenir son action politique. Ainsi, il s'est adoubé héritier[1] du nationalisme *lumumbiste*, qu'il a transmué en « nationalisme zaïrois authentique ». Joseph Kabila, après avoir fait de Laurent-Désiré Kabila un autre héros national, se réclame aussi de la filiation nationaliste, pour mettre sa personne et son pouvoir au centre d'une certaine cohésion nationale.

Le régime de Mobutu a conforté la construction de la nation par divers canaux (discours, chants, slogans) grâce à l'animation politique afin de mobiliser le soutien populaire en sa faveur. Le

---

[1] Aundu Matsanza, G., *Politique et élites en RD Congo, op. cit.*, p. 129.

fondement de cette pratique réside dans la maxime de propagande du Parti unique : « Heureux le peuple qui chante et danse ». Il est question de créer une ferveur populaire par les chants patriotiques et militants pour inculquer aux masses les idées nationalistes et les vœux du régime, à travers les hommages à Mobutu. C'est au premier congrès ordinaire du Parti unique, MPR, à Kinshasa-N'sele du 21 au 24 mai 1972, que l'option de l'animation politique[1] est votée. Pour l'implanter, il a fait organiser à Kinshasa du 24 au 25 novembre 1973 le premier Festival culturel et d'animation, auquel ont concouru toutes les provinces. Sur cet élan, un second Festival s'est tenu le 20 mai 1987 à Kinshasa. L'unité de la nation fut promue et vulgarisée autour de la personne du chef de l'État Mobutu, à travers les qualificatifs officiels : Président-fondateur, Père de la nation, Père de la révolution zaïroise, Sauveur, Timonier, Guide suprême – éclairé – clairvoyant, Homme providentiel, Homme du 24 novembre, Garant de l'unité nationale, Pacificateur, Unificateur, Bâtisseur, Maréchal du Zaïre, Apôtre de l'authenticité, etc. Outre ces qualificatifs, il faut citer les slogans du genre « *Tata bo moko, mama bo moko, mokonzi bo moko, ekolo bo moko…* » pour souligner l'unité du Congo autour d'un seul père, d'une seule mère, d'un unique chef de la seule nation congolaise. Tout ceci est incarné par le Président-fondateur du Parti unique, à savoir Mobutu Sese Seko Kuku Ngbendu Waza Banga (ou Mobutu éternel).

Ces formules verbales sont réactualisées régulièrement dans le langage populaire et vulgarisées par les groupes de pairs (équipe de football, entreprise, association, armée…). Elles enrichissent la panoplie d'instruments de socialisation nationale et d'assimilation de l'identité collective. Parfois en caricaturant certaines personnalités, elles en font un symbole de fierté nationale ou d'identité collective.

1.4.2. L'école

Quant à l'école, elle assure les interactions entre les adultes et les enfants (socialisation verticale) ainsi qu'entre les enfants eux-mêmes (socialisation horizontale). L'école participe à la transmission des références d'identification commune par ses programmes et traditions communiquées aux enfants. Autant que la famille, elle

---

[1] Les groupes d'animation politique sont montés à Kinshasa par Momene Mo Mikengo, au Kivu par Geyoro Te Kule, au Kasaï-Occidental par Takizala Luyan Muis Bingin, au Katanga (Shaba) par Duga Kugbe Toro. Lire Mutamba Makombo, *L'histoire du Congo par les textes*, t. III : 1956-2003, Kinshasa, Éditions universitaires africaines, 2008, p. 265.

inculque aux enfants des repères d'identification commune dans la diversité sociale. Par mimétisme, l'élève apprend à écouter les autres, à les respecter, à communiquer, à coopérer, il assimile les règles sociales[1] indispensables à la cohésion et à la vie commune. Louis Levasseur estime qu'« instruction et socialisation s'inscrivent dans le prolongement d'une éducation à la citoyenneté qui aurait pour finalité de recréer de nouvelles solidarités, de jeter les bases d'une culture commune, d'intégrer les élèves »[2].

En RD Congo, l'école a servi tout autant d'agent de reproduction sociale[3], surtout pendant la colonisation et les régimes autoritaires, que d'agent de transformation sociale par l'inculcation des valeurs et références collectives. Quand les réformes territoriales et la promotion des langues véhiculaires ont conféré à l'identité congolaise une forte dimension ethnique en référence aux « super-ethnies » et au terroir (province, district, village), l'école, quant à elle, inocule à cette identité une dimension civique. Les valeurs de l'État vantées par l'idéologie de régimes politiques sont transmises aux enfants pour faire d'eux des citoyens conformes au système en place. L'école les pousse à s'assumer citoyens aptes à pérenniser et défendre l'État par leur dévouement. De ce fait, les enfants assimilent, au-delà de leur origine ethnique particulière, les références communes (le drapeau, l'hymne national…) transversales à tous, lesquelles les soudent pour faire d'eux un peuple. Par les savoirs acquis à l'école, les enfants sont formatés à reproduire certains comportements utiles à la survie de la nation. Ils acquièrent ainsi les capacités et l'identité de groupe.

La fonction de reproduction sociale de l'école au Congo remonte à la colonisation. Ce système voulait faire des enfants indigènes des colonisés modèles[4] qui participeraient à la réalisation des desseins du colonisateur. Outre cette fonction manifeste, l'école a assumé aussi une fonction latente ou cachée, celle d'unifier les enfants d'origines (ethniques, territoriales) différentes par l'inculcation de nouvelles références communes. Se découvrant habitants d'un

---

[1] Montandon, C. et Osiek, F., « La socialisation à l'école du point de vue des enfants » in *Revue française de Pédagogie*, n° 118, 1997, p. 46.
[2] Levasseur, L., « Éducation à la citoyenneté et missions d'instruction et de socialisation de l'école québécoise » in *Canadian Journal of Education*, n° 29, vol. 3, 2006, p. 613.
[3] Bourdieu, P. et Passeron, J.-C., *La reproduction, éléments pour une théorie du système d'enseignement*, Paris, Minuit, 1970.
[4] Bongeli Yeikelo ya Ato, E., *L'université contre le développement au Congo-Kinshasa*, Paris, L'Harmattan, 2009, p. 34.

même pays par les notions apprises, les enfants construisent en eux l'imaginaire d'appartenir à une même nation. C'est du contexte scolaire qu'a émergé aussi l'identité congolaise, consolidée ensuite par la maturation des élèves, dont certains sont devenus des pères de l'indépendance ou de l'éveil nationaliste au Congo (Panda Farnana, Simon Kimbangu, Joseph Malula, Joseph Ileo, Joseph Kasa Vubu, Patrice Lumumba,…).

L'école dans sa forme moderne au Congo, tout comme un peu partout en Afrique noire, est un produit de l'évangélisation et du colonialisme. La volonté des missionnaires (de toutes confessions) et des colonisateurs de disposer d'auxiliaires (catéchistes et agents) capables de les aider dans leur mission a nécessité de les former à l'écriture, à la lecture, au calcul et aux rudiments d'une langue européenne (le français, l'anglais, le portugais…).

En 1890, une première colonie scolaire est créée au Bas-Congo, à Boma, pour former les enfants orphelins et abandonnés ainsi que les jeunes esclaves rachetés par les missionnaires. À ce groupe se sont ajoutés les enfants de leur personnel (agents domestiques et sentinelles). La diversité sociale et ethnique de ces enfants est brassée dans la colonie scolaire, ce qui va leur conférer rapidement une autre identité (groupes scolaires de…, anciens élèves de…). Ce regroupement par l'école est encouragé aussi suite aux guerres tribales. Car les razzias qui procuraient des esclaves aux vainqueurs ont poussé des communautés à se réfugier dans les missions et les postes d'État protégés par la Force publique coloniale. Dès lors les prêtres ont intégré aussi les enfants issus de ces communautés dans leurs cercles d'élèves ou leurs colonies scolaires. C'est pourquoi, par exemple, les baLuba ayant fui les envahisseurs baSongye et baTetela sous l'égide notamment de Ngongo Lutete, ont bénéficié de l'école ; et à l'indépendance, leurs enfants ont été parmi les plus instruits du Kasaï voire du Congo.

Le Concordat de 1906 entre l'Église catholique romaine (Vatican) et l'État indépendant du Congo ayant confié aux missions la charge de l'enseignement, les prêtres ont formé le personnel utile tant pour l'Église que pour le pouvoir colonial. Ils ont produit dans un premier temps des catéchistes, moniteurs, interprètes et auxiliaires administratifs. Dans un second temps, en 1907, des écoles professionnelles ont été ouvertes afin de former des mécaniciens, menuisiers, maçons, forgerons, chaudronniers…

C'est à partir de 1925 qu'une politique scolaire coloniale est conçue. Elle a subdivisé les écoles en quatre catégories :
- l'école officielle laïque appartient à l'État qui en détient la gestion exclusive et à sa charge ;
- l'école officielle congréganiste est financée par le pouvoir public mais administrée par les congrégations catholiques ;
- l'école libre subsidiée est à charge financière du pouvoir public et sous son propre contrôle ;
- l'école libre non-subsidiée reste à charge financière des institutions autres que publiques : l'Église catholique pour ses petits et grands séminaires et les entreprises privées pour les enfants de leurs agents.

En 1933, pour relever le niveau de formation des indigènes compte tenu des besoins et objectifs coloniaux, une école moyenne d'agriculture CADULAC (Centre agricole de l'Université de Louvain au Congo) est installée à Kisantu au Bas-Congo, puis à Kamponde au Kasaï. C'est dans ces deux seules entités qu'ont été formés les assistants-agronomes congolais, dont les origines ethniques diverses ont assuré un important brassage culturel propice à l'identité congolaise. Les voyages de formation ont fait découvrir aux indigènes l'immensité de leur pays, sa richesse ainsi que la diversité de sa population. Sur cet élan, deux écoles d'assistants médicaux ont été créées, à Léopoldville et Stanleyville.

Les agents auxiliaires de l'administration ont été formés dans une seule école des sciences administratives et commerciales, établie à Kisantu (Bas-Congo) en 1947.

Quant à la formation religieuse catholique, elle fut organisée seulement dans trois collèges des humanités latines, installés par les Jésuites à Lemfu (Bas-Congo) en 1946 et Kiniati-Yasa (Bandundu) en 1947, puis par les Pères de Scheut à Kamponde (Kasaï) en 1947.

Si le système colonial limitait le nombre d'élèves au strict besoin de la Colonie pour éviter une pléthore qui échapperait à son contrôle, il favorisait tout de même, par leur faible nombre, le brassage culturel et l'acquisition des références civiques. Ces dernières étaient impératives dans la mesure où les personnes formées devaient entrer en service immédiatement. Leur comportement devait répondre à l'objectif visé, celui de la consolidation du système ou État colonial.

La réforme scolaire de 1948 est venue conforter cette option par la création d'un cycle secondaire long (six années post-primaires), dit « secondaire spécial ». Il était organisé en cinq sections :

administration et commerce ; géométrie (arpenteur) ; normale (pédagogie) ; éducation physique ; sciences. Le secondaire spécial n'ouvrait pas l'accès aux études universitaires, réservées aux détenteurs de titres d'enseignement secondaire général (humanités latines et scientifiques).

Le secondaire général a permis d'inscrire les premiers étudiants à l'université en 1954 (à Lovanium, près de Léopoldville) et 1956 (Université officielle du Congo à Élisabethville). Avant la fondation d'universités, les humanités latines (petits séminaires) étaient seules à donner accès à des études supérieures, organisées dans quatre « grands séminaires » catholiques (Baudouinville, futur Moba, sur le Tanganyika ; Kabwe au Kasaï ; Mayidi au Bas-Congo et Niangara dans la Province-Orientale). C'est pourquoi les premières élites congolaises sont généralement d'anciens séminaristes : Paul Lomami Tshibamba, Liévin Kalubi Tshamala, Jacques Massa, Joseph Kasa Vubu, Dominique Diur, Antoine Gizenga, Emmanuel Kini, Antoine Kingotolo, Alexandre Mahamba, Antoine Mobe, Godefroid Munongo, Edmond Nzeza Landu, Joseph Yumbu,...

En dépit de leurs origines ethniques différentes, ces élites sont formées dans les mêmes écoles ou séminaires, formatés aux mêmes valeurs chrétiennes, civiques et patriotiques. Si elles ont préconisé différentes démarches pour l'indépendance nationale, il est évident que c'est en référence aux mêmes bases, vu leurs revendications (nous les avons exposées dans la section relative aux *évolués*). Après l'indépendance, l'école est restée un canal de transmission de valeurs, surtout chrétiennes, dans la société. La critique par les élites, à travers l'Église catholique ou les groupes laïcs, de certaines options politiques postcoloniales, notamment contre la personnification du pouvoir (conflit mgr Malula et président Mobutu sous la Deuxième République, ou conflit mgr Monsengwo et président J. Kabila sous la Troisième République) a fait de l'école et de l'université un foyer de protestation qui assure la socialisation nationale par la contestation politique (mouvements étudiants, marches de chrétiens du 16 février 1992, 31 décembre 2017, etc.).

Il faut souligner, dans la formation des élèves, que sous la colonisation la dimension civique était fortement privilégiée puisqu'il était attendu de l'école qu'elle produise des colonisés prompts à servir et à se soumettre. Mutamba[1], étudiant cette époque, relève dans le programme scolaire un grand volume horaire de

---

[1] Mutamba Makombo, *op. cit.*, pp. 148-150.

leçons allant dans ce sens, notamment les travaux manuels (entretien des jardins, propreté de la cour d'école, transport des blocs de brique au lieu de construction...), l'apprentissage d'un métier (exercices en atelier...), le français (seconde langue après une langue véhiculaire de la région), la morale (respect de l'autorité publique, respect du bien d'autrui, obéissance aux instructions, discipline...), l'histoire (le génie du roi Léopold II, la Belgique, la mission civilisatrice de la colonisation)... Ces enseignements étaient dispensés dans une optique pratique et éducative afin de faire des indigènes de bons sujets, c'est-à-dire soumis au pouvoir colonial.

La colonisation ayant légué à l'État postcolonial son modèle scolaire, le pouvoir public de la Première République congolaise a repris cet héritage dans ses différentes réformes scolaires[1]. En 1961, la première réforme a retenu comme matières à enseigner en première année de cycle d'orientation en secondaire : la religion ou morale, l'éducation civique, le français, les mathématiques, l'histoire, la géographie, l'anatomie humaine, le dessin, la technologie, la musique et la gymnastique. La seconde réforme en 1962 modifiant celle de 1961 a maintenu les mêmes enseignements pour la deuxième année de ce cycle d'orientation en y remplaçant la botanique par la zoologie et l'anatomie humaine par l'anglais.

---

[1] L'ordonnance n° 53 du 17 juillet 1961 a introduit en secondaire le cycle d'orientation (CO) pour une durée de deux ans ; l'ordonnance n° 174 du 17 octobre 1962 a uni les structures et programmes au niveau primaire en cycle de six ans répartis en trois degrés de deux ans chacun (élémentaire, moyen et terminal) puis a imposé le français comme langue d'enseignement en primaire ; la Constitution de Luluabourg d'août 1964 a inspiré aussi d'autres réformes scolaires ayant conduit à la mise sur pied d'un véritable enseignement national permettant de mettre fin à la guerre scolaire importée de la métropole par le système colonial ; la Constitution révolutionnaire de juin 1967 qui accompagne la fondation du MPR, impulse d'autres réformes conformes au projet de société de ce Parti unique (Le manifeste de la N'sele) : il s'agit notamment des réformes issues de l'ordonnance-loi n° 67/250 du 5 juin 1967 qui établit le cycle court et le cycle long après le cycle d'orientation ; de l'ordonnance n° 70/221 du 24 juillet 1970 qui institue un Examen d'État (Baccalauréat) ; de l'ordonnance n° 72/43 du 15 mai 1972 ayant conduit à l'étatisation des écoles des réseaux confessionnel et privé à la suite du conflit entre l'Église catholique (mgr Malula) et le Parti unique ou l'État (pdt Mobutu) ; de la décision d'État n° 08/CC/81 du 9 juin 1981 sur la réforme de l'enseignement primaire et secondaire ; de la loi-cadre n° 86/005 du 22 septembre 1986 relative au régime général applicable à l'enseignement national...

Avec la Deuxième République, les réformes entreprises à partir de 1967 dans le contexte du Parti unique ont voulu asseoir un véritable enseignement national capable de conforter la culture nationale auprès des élèves. Pour y arriver, il est préconisé[1] l'égalité de traitement et de condition entre élèves conformément au projet de société du Parti unique qui veut qu'« un effort essentiel soit fait pour que tous les jeunes du pays obtiennent les mêmes chances et puissent nourrir les mêmes espérances devant la vie »[2]. C'est pourquoi le ministre de l'Éducation nationale (Mabolia Inengo Tra Buwato) a introduit le port obligatoire de l'uniforme[3] à partir de l'année scolaire 1973-1974 conformément à l'option levée par le Bureau politique du Parti unique : un pantalon ou une culotte avec chemise pour les garçons, et une robe ou une jupe avec blouse pour les filles. Au début, la couleur de l'uniforme est laissée au choix de l'autorité de chaque province ou établissement. Mais très vite la couleur bleue pour la jupe ou le pantalon et la couleur blanche pour la chemise ou la blouse ont été imposées à tout élève congolais jusqu'à l'obtention du diplôme d'État (le Bac), clé d'accès à l'université.

Pour renforcer toujours la culture nationale et en référence au bilinguisme[4] à l'école primaire (l'usage du français et d'une des langues nationales du lieu), le ministre de l'Éducation nationale (cette fois, Mbulamoko Nzenge Movoambe) a imposé[5] aux enfants dès la première année du niveau primaire la maîtrise audio-orale de l'hymne national autant que des chansons à la gloire de la révolution du Parti unique. En 1985, un autre ministre de l'Éducation nationale (Nzege Alaziamina) a conforté[6] cette option en exigeant que certains enseignements donnés en première primaire en langue française (éducation civique et politique, religion ou morale, histoire et

---

[1] Interview de Landu, directeur des programmes et matériel didactique au ministère de l'Enseignement primaire, secondaire et professionnel, Kinshasa, 8 juin 2017.
[2] Projet de société du MPR, Manifeste de la N'sele de mai 1967 : Éducation nationale, in *Mobutu Sese Seko – Action et parole 1965-1975*, Kinshasa, Présidence de la République, 1975, p. 66.
[3] Circulaire EDN/CAB/001/1244/72 du 23 août 1972.
[4] « Colloque de Kananga de 1967 a conduit au rejet de certaines options scolaires établies par la réforme d'octobre 1962 » in Secrétariat général du ministère de l'enseignement primaire (EPSP), *Le système scolaire congolais 50 ans après l'indépendance, Rapport de la célébration du cinquantenaire de l'indépendance de la RDC*, Kinshasa, mai 2010.
[5] Circulaire EDN/SP/841.0/BCE/549/76 du 31 août 1976.
[6] Circulaire DEPS/CCE/001/84/02446/85 du 14 décembre 1985.

géographie) soient explicités par l'enseignant dans la langue nationale de la région concernée pour une meilleure assimilation par les élèves.

Ainsi, le régime de Mobutu a renforcé la socialisation politique et nationale par l'école en rendant permanente cette formation civique à travers les enseignements (le cours d'« éducation civique et politique » devient avec la démocratisation « éducation à la citoyenneté ») et pratiques militantes auprès des élèves. Ces pratiques portent notamment sur l'animation politique, afin d'inculquer le respect au chef de l'État et Père de la nation, l'amour de la patrie par la tradition du salut au drapeau, l'hymne national,… Toutes ces pratiques visent à intérioriser chez les enfants les références d'identification nationale.

La réinvention de certaines traditions coloniales dans le contexte postcolonial, par exemple l'uniforme scolaire, participe à la consolidation de ces référentiels de la nation congolaise. Transmis aux jeunes générations qui, à leur tour, les communiquent à leur descendance, ces référentiels traversent le temps et confortent la nation devenue une réalité historique.

Nous pensons avec Morin[1] que la transmission et la réinvention fonctionnent souvent de concert et la réinvention n'empêche pas la reproduction de ce qui est reconstruit. L'imitation des anciens participe, autant que le conformisme et la déférence, à l'assimilation et à la transmission de l'identité collective. À ce titre, l'école est un puissant vecteur de la socialisation nationale au Congo Démocratique.

2. AMÉNAGEMENT TERRITORIAL ET INTÉGRATION NATIONALE

L'aménagement du territoire a commencé avec le système colonial à travers la construction des routes, des chemins de fer et le balisage des cours d'eau. Il a contribué au rapprochement des groupes au Congo, tout autant qu'à l'apparition des langues véhiculaires après un tri au sein des langues vernaculaires.

Pour Karl Deutsch[2], l'intégration organisationnelle d'une société aboutit généralement à l'émergence d'une nation suite à un

---

[1] Morin, O., *op. cit.*, p. 38.
[2] Deutsch, K.W. and Foltz, W., *Nation building*, New York, Atherton press, 1963, pp. 1-16.

processus en deux étapes. La première consiste en une intégration linguistique du fait de relations économiques qui nécessitent l'usage d'un minimum de termes communs. En dépit de leur diversité, quelques idiomes, voire une langue, servent d'outils de communication aux segments de la société. La seconde consiste en une intégration structurelle à travers les canaux de communication servant au transport des marchandises et de la main-d'œuvre. Elle conduit à la construction d'infrastructures (routes, rails,...) qui, finalement, unissent la société aux plans économique, politique, social, culturel, géographique...

Cet aménagement du territoire fait émerger un « réseau d'information »[1] qui intègre un peuple par diverses liaisons internes. En reliant les populations, ce réseau pérennise les contacts humains constitutifs de la communauté et crée la conscience de groupe par le partage d'une même histoire, d'un même vécu. À travers les voies de communication et les interactions qui s'ensuivent, la centralisation bureaucratique (notamment au chef-lieu) ou la fonction des frontières qui matérialisent les limites d'un territoire, nous allons comprendre que l'aménagement du territoire participe à la construction et à la consolidation de l'identité et du sentiment national.

2.1. VOIES DE COMMUNICATION ET INTERACTIONS CULTURELLES

La mise en œuvre de la colonisation visait principalement l'exploitation économique des territoires. Elle a nécessité la construction de voies[2] d'évacuation des matières premières. Pour minimiser les coûts de leur construction, les itinéraires naturels furent d'abord privilégiés compte tenu de la richesse hydrographique du Congo. Les cours d'eau, spécialement le fleuve et ses multiples affluents, ont servi au début pour évacuer les produits. Là où s'arrête leur navigabilité, à cause des chutes et rapides, les routes et chemins de fer prennent le relais afin de prolonger les axes d'exportation par l'océan. Matadi et Boma ont servi de points de chute à cette évacuation des marchandises vers la métropole coloniale.

---

[1] « La logique de communication sociale » de Karl W. Deutsch, in Roger, A., *Les grandes théories du nationalisme*, Paris, Armand Colin, 2001, pp. 32-33.
[2] Pottier, P., « Axes de communication et développement économique » in *Revue économique*, n° 1, vol. 14, 1963, pp. 58-132.

Très vite, les besoins économiques ont rendu impératif de construire des infrastructures pour exploiter au mieux la Colonie. Les voies de communication fluviale, routière et ferrée ont toutes été tracées, balisées et orientées vers les ports de Matadi et Boma, principales portes d'entrée et de sortie du Congo. Ces voies reliant villes et régions ont réunifié les territoires en un seul espace sous contrôle colonial. Elles ont rendu possible la mobilité des populations et leur brassage par les échanges économiques et culturels. Ainsi, pour Benedict Anderson[1], c'est sous l'effet d'une logique économique que les langues nationales se sont structurées et unifiées. En vue d'accroître ces interactions, le système colonial a conçu des mécanismes contraignants de gestion du territoire, lesquels vont donner des résultats paradoxaux : l'extraversion et le nationalisme.

À titre illustratif, épinglons ce qui a résulté du Plan décennal (1949-1959) pour le développement économique et social du Congo préparé par le gouvernement belge de Paul-Henri Spaak. Il visait entre autres à décloisonner l'économie congolaise en renforçant les échanges interrégionaux. Tout en confortant l'extraversion, ce Plan voulait stimuler la consommation intérieure. Avec les échanges interculturels ou interrégionaux, il va favoriser le brassage des groupes, entraînant la naissance d'une communauté politique (nation) devenant évidente à travers les manifestations de la lutte d'indépendance.

Dans le contexte du transport, les voies navigables ont été établies colonne vertébrale du réseau de communication entre les entités territoriales. Elles sont complétées par le rail et les routes d'accès aux zones d'exploitation, afin de servir de relais entre les ports séparés par des tronçons non-navigables (Ubundu-Kisangani, Lubumbashi-Ilebo, Kalemie-Kindu, Kinshasa-Matadi). La toile d'araignée de ce réseau colonial de communication est reprise par l'État postcolonial et se présente comme suit : les routes principales ou nationales, les routes secondaires et les routes d'intérêt local.

Cinq grands axes routiers, à côté des chemins de fer, complètent les cours d'eau navigables. Il s'agit de :
- axe nord-est et nord-ouest : d'Aba en Province-Orientale jusqu'à Libenge à l'Équateur ;
- axe est-ouest via le centre : de Bukavu au Kivu jusqu'à Matadi au Bas-Congo via Kananga au Kasaï ;

---

[1] Anderson, B., *op. cit.*, pp. 35-43.

- axe nord-sud via le centre : de Niangara en Province-Orientale à Sandoa au Katanga via Kisangani et Kananga ;
- axe nord-sud via l'est : de Faradje en Province-Orientale à Likasi au Katanga via Goma et Kalemie ;
- axe nord-ouest et sud-est : de Libenge ou Mbandaka à l'Équateur jusqu'à Sandoa ou Likasi au Katanga via Kisangani et Bukavu.

Toutes ces voies couvrent entièrement le Congo, relient ses entités territoriales et favorisent la circulation du nord au sud, de l'est à l'ouest. Ces tronçons servent au transport des marchandises mais aussi à la mobilité de la main-d'œuvre. Les Congolais doivent obtenir un permis de déplacement émis par le pouvoir colonial pour voyager. Les besoins en main-d'œuvre les décloisonnent et font qu'ils découvrent leur diversité ainsi que la richesse et l'étendue de leur pays.

Les voies de communication (cours d'eau, routes, chemins de fer) construites prioritairement pour un usage économique assument par ailleurs une autre fonction, latente ou cachée : unifier les entités territoriales, brasser les populations. Elles amplifient les interactions humaines qui forgent une nouvelle communauté. Le système colonial impose soixante (60) jours par an de corvées obligatoires afin de disposer d'une main-d'œuvre gratuite pour l'entretien des voies de communication (routes, rails) et des cultures (caoutchouc, coton, huile de palme…). Paradoxalement, cette obligation légale a contribué aussi à l'exode rural, à la migration ou au déplacement des populations surtout jeunes. Car pour échapper aux corvées civiques dans les villages, les jeunes émigrent vers les villes où ils s'intègrent dans de nouvelles communautés « super-ethniques » (fédération ethnique, association des originaires de…). La perception de l'autre change en milieu urbain et fait évoluer l'entendement de l'ethnie : cette communauté n'est plus fondée nécessairement sur les liens de sang (primaires), mais désormais sur le sentiment de vouloir-vivre ensemble ou encore sur l'imaginaire d'être une collectivité à travers la promotion de quelques nouvelles références communes.

Du fait du besoin de main-d'œuvre, le colonisateur a pu regrouper facilement ces jeunes dans les « Centres extra-coutumiers ». Étant multiethniques, ces cantonnements ont constitué aussi des lieux de brassage identitaire. De cette façon, les voies de communication (routes, cours d'eau, chemin de fer) et les Centres extra-coutumiers sont des vecteurs de l'unité nationale. Les conditionnements géographiques[1] (surtout les itinéraires naturels utilisés : cours d'eau, vallée, plaine…) ont accru le mouvement humain vers les villes. Par l'expérience du voyage, les Congolais découvrent le Congo et ses multiples richesses. Le villageois « tribal » de départ se transforme en ville en Congolais « détribalisé » par son installation au Centre extra-coutumier. Il s'ouvre aux autres et s'intègre dans les nouvelles communautés urbaines sous forme, entre autres, de super-ethnies.

À ce propos, durant les années 1950 au Congo, une poussée[2] démographique urbaine sans précédent est observée particulièrement vers la capitale Léopoldville, qui passe de 2 162 397 habitants à 2 850 084 en quelques années. Pourtant, elle n'était durant les années 1940-1945 que de l'ordre de 1 017 899 et 1 565 401 habitants. La capitale (actuelle Kinshasa) qui avait une superficie de 46 km^2 en 1949 a doublé en dix ans pour atteindre 100 km^2 en 1959. Pour Mutamba[3], un Congolais sur cinq vivait en 1955 en ville (Centre extra-coutumier ou cité indigène). Cette pression démographique a fait émerger de nouvelles villes surtout autour des lieux d'extraction minière (Likasi et Kolwezi grâce au cuivre et cobalt, Kipushi grâce au zinc, Manono grâce à l'étain, Bakwanga grâce au diamant…). On a observé, par exemple, une forte migration de ressortissants du Kasaï vers le Katanga et d'autres provinces du pays. Grâce au chemin de fer, un va-et-vient permanent est établi entre le Kasaï et le Katanga. Et par la rivière Kasaï, un mouvement migratoire similaire est observé entre le Kasaï et la capitale Kinshasa. Ce même mouvement est constaté également sur le fleuve Congo entre Kisangani (Stanleyville) et Kinshasa. Les baNgala viennent pour diverses raisons dans la capitale, y menaçant la suprématie démographique baKongo.

Ce mouvement de populations rurales vers les villes est encouragé encore par le salaire attrayant versé en milieu urbain par rapport au milieu rural ainsi que les opportunités de promotion sociale. En outre, l'émigration vers la ville fait échapper à certaines pratiques auxquelles, particulièrement, les jeunes n'adhéraient plus : certaines coutumes, dont le mariage forcé, la sorcellerie, la corvée obligatoire, la conscription dans la Force publique…

Les Congolais s'agglomérant dans les centres urbains vont favoriser aussi le brassage de leurs identités ethniques et culturelles.

---

[1] Pottier, P., *op. cit.*
[2] Mutamba Makombo, *op. cit.*, pp. 127 et 130.
[3] *Ibid.*

C'est pourquoi, pour Miroslav Hroch[1], les nations ne sont pas uniquement le produit d'une logique économique exclusive, il y a aussi une combinaison multifactorielle. Les langues, les coutumes... sont remodelées pour s'adapter au nouvel environnement. Ainsi, les traditions ethniques s'enrichissent mutuellement au fil du temps. À Kinshasa par exemple, on observe une certaine homogénéisation progressive des rites de la palabre (*kinzonzi*), en dépit de la diversité ethnique en ville. Les mariages interethniques sont pour beaucoup dans l'intériorisation des spécificités culturelles congolaises.

Si le brassage de populations en ville encourage la simplification et la généralisation des pratiques culturelles, il conduit d'autre part à un retour aux identifications de terroir. Pour ne pas disparaître par la concurrence, les communautés ethniques s'organisent à travers les associations (des originaires de..., par exemple) pour rendre visibles leurs particularités culturelles. Ces associations, généralement élargies aux aires culturelles, confortent l'appartenance identitaire super-ethnique, tissent de nouvelles solidarités, préservent et promeuvent le patrimoine culturel ethnique au sein de la communauté nationale. Pour cette raison, certaines cérémonies en milieu urbain deviennent des miroirs de leur visibilité. C'est le cas de mariages, naissances des jumeaux, deuils ou hommages aux notables...

Ce brassage culturel est conforté également par l'émergence d'autres types d'associations citadines. Il s'agit de regroupements des personnes au-delà des identités ethniques ou de terroir. Outre les « anciens élèves et/ou originaires de... », apparaissent des mutuelles ou amicales d'entraide appelées *Moziki*. Elles réunissent les membres autour d'un hobby ou une activité : le commerce, la musique, le sport (football...). Le plus souvent, l'objectif poursuivi est l'entraide mutuelle et les loisirs. Par leur fonctionnement et leur organisation multiethnique, les *Moziki* brassent de petits groupes et promeuvent une culture urbaine expurgée de relents ethniques. Leur efficacité dans l'assistance sociale à un membre (frais funéraires, prise en charge de soins de santé, soutien à la tenue d'une fête...) fait d'eux des structures de solidarité communautaires extra-ethniques. Ils dépassent les frontières ethniques objectives pour faire émerger de nouvelles communautés fondées sur le besoin ou le désir

---

[1] Hroch, M., "From ethnicity to nation : a forgotten road to modernity" in *Anthropologie et Société*, vol. 3, n° 19, 1995, pp. 71-86.

d'appartenir à un groupe. Toutes ces solidarités participent à la mutation de l'identité et à l'intégration nationale.

2.2. AU CENTRE : KINSHASA

2.2.1. Émergence d'une entité

La réunification du territoire congolais a commencé avant le partage de l'Afrique à la Conférence de Berlin de 1885. Tout est parti de l'explorateur anglais Henri Morton Stanley. Lors d'une de ses missions pour le compte de l'Association internationale Africaine (AIA) avec le soutien financier du roi Léopold II de Belgique, Stanley fonde le 1er décembre 1881, après l'obtention de terres, une station au niveau du « Stanley-Pool » près du village (Ki)Nshasa[1]. Cette cession de terre accordée par le chef traditionnel Ngaliema du village (Ki)Ntambo fut au centre de controverses entre chefs locaux baHumbu et baTeke. Makoko, roi des baTeke, dont ils dépendaient tous, dut intervenir pour apaiser les esprits. D'autant plus que Makoko lui-même venait de signer un traité de cession de terres avec l'explorateur Savorgnan de Brazza en faveur de la France le 3 octobre 1880. Son intervention mit en palabre Ngaliema et les contestataires, notamment Ngambelengi et Kimpalampala ; elle finit par un accord général satisfaisant pour tous le 24 décembre 1881.

Cette station est vite devenue un grand centre de négoce (de pointes d'ivoire, poteries, sel, gomme de caoutchouc...) qui attirait commerçants et ouvriers. Le 9 avril 1882, elle est baptisée « Léopold » ; son attrait a encouragé l'installation d'une autre station avancée devant faciliter la livraison d'ivoire par les autochtones. Celle-ci est établie au village (Ki)Nshasa en 1883 par Anthony B. Swinburne, secrétaire de Stanley, après négociations avec le chef local Ntsuvila. Les deux stations (Léopold et [Ki]Nshasa) séparées au départ par la plaine de Kalina, devinrent à la création de l'État indépendant du Congo une seule entité dénommée Léopoldville, consacrée chef-lieu du district du Stanley-Pool le 1er août 1888. Puis en 1923, elle devient la capitale du Congo belge en lieu et place de Boma qui avait détrôné Vivi, dans l'estuaire du fleuve.

La fondation et la mutation de Léopoldville (Kinshasa) correspondent à son rôle au sein des populations autochtones. En effet, la station Léopold dans le Stanley-Pool (devenu Pool Malebo) était entourée de villages (Ki)Nshasa, (Ki)Ntambo, (Ki)Ngabwa,... L'ensemble constituait un carrefour commercial important tant pour

---

[1] Littéralement : « Chez Nshasa » ; Kintambo : « Chez Ntambo », etc.

les autochtones baHumbu et baTeke, d'une part, que pour les allochtones (baKongo et baZombo en aval du fleuve, baYaka, baYanzi, baNunu, baNgala,... en amont du fleuve). Le Pool Malebo était un carrefour commercial, un entrepôt de marchandises en provenance de ces deux contrées. Ce site géographique, déterminé par la navigabilité (ou non) du fleuve, a fait du jumelage des stations Léopold et (Ki)Nshasa une grande agglomération, Léopoldville, composée de populations de diverses origines ethniques. Le rôle administratif attribué ensuite à cette entité par l'État indépendant du Congo puis le rôle de capitale par le Congo belge, va en faire une véritable machine de brassage ethnique qui fera jaillir et confortera plus tard l'identité congolaise.

2.2.2. D'une entité traditionnelle à un centre urbain colonial

Le passage d'entité traditionnelle baTeke - baHumbu à une ville coloniale[1] est facilité par l'immigration. L'obtention de terres grâce aux cessions consenties par les chefs locaux à travers des traités a permis l'occupation progressive du territoire congolais par les Européens. Pour mieux disposer des terres acquises, ceux-ci ont imposé rapidement leur monopole sur tout ce qui se fait concernant le commerce et l'exploitation des ressources (ivoire, gomme...). Pour accroître la productivité de l'entité, l'administration coloniale naissante a imposé aux autochtones des corvées ou travaux forcés afin de construire les routes, exploiter le sol et le sous-sol, accroître la production dans les factoreries et l'approvisionnement de la station.

C'est alors que les autochtones baTeke et baHumbu, avec leurs chefs (Ngaliema de Kintambo, Ntsuvila de kiNshasa, Bankwa de Ndolo,...), se sont inquiétés de l'invasion étrangère de leurs entités. Ils s'insurgent contre le monopole et les taxations, et sont violemment réprimés ; des villages sont incendiés, rayés de la carte (Lemba, 1888). Ils sont contraints d'abandonner leurs villages à l'occupant colonial. Ce fait est à l'origine notamment du déclin du royaume Mbe (ou Teke) de Makoko, d'autant plus que le territoire était déjà dispersé depuis 1885 entre deux autorités : française et léopoldienne ou belge.

Pour pallier toute résistance indigène, un camp de la Force publique est installé à Léopoldville au niveau de Kilimani à (Ki)Ntambo pour former les soldats issus de divers groupes

---

[1] Pain, M., *Kinshasa : la ville et la cité*, Paris, Éditions de l'ORSTOM, 1984.

ethniques. En outre, une politique d'importation de main-d'œuvre est mise en œuvre pour suppléer la désertion des autochtones baTeke et baHumbu réfugiés sur l'autre rive du fleuve à Brazzaville.

Cet import de main-d'œuvre allochtone a été encouragé surtout entre 1889 et 1913, quand furent lancés les chantiers de construction d'un chemin de fer entre Léopoldville et Matadi (du 15 mars 1890 au 6 juillet 1898) et d'un nouveau port fluvial (1913). Le besoin de travailleurs a favorisé le recrutement de populations baKasaï (Lulua, Luba,...), baNgala, baYaka, baKongo,... Léopoldville est repeuplée progressivement par les populations originaires de différentes régions du Congo. Il faut dire que cette immigration se constate aussi dans les sites de production minière, surtout au Katanga. Autour de ces entités ont émergé des Centres extra-coutumiers qui vont muter pour donner naissance aux centres urbains tels que Lubumbashi (Élisabethville), Likasi (Jadotville), Kolwezi ou Bakwanga.

Les indigènes sont logés à la périphérie de ces entités dans des camps ouvriers qui deviennent multiethniques. La prolifération et l'évolution de ce type de cantonnement ont greffé les cités indigènes aux cités européennes, dont elles restent toutefois séparées par des espaces verts (parc De Boeck à Léopoldville) de trois cents mètres environ, qualifiés de « zones neutres ». Ces frontières vertes servaient au juste de corridor de protection sanitaire en faveur des Européens, qui déploraient l'hygiène dans les cités indigènes.

Il faut rappeler que le lancement de la navigation sur le fleuve par des bateaux à vapeur, puis celui du chemin de fer vers l'océan, sans oublier la construction de routes vers l'intérieur du territoire colonial, avait ouvert un boulevard principalement vers Léopoldville pour les originaires de diverses ethnies, noyant la démographie autochtone des baTeke et baHumbu qui en sont devenus très minoritaires.

2.2.3. Démographie galopante et reconstruction des références identitaires

Chef-lieu du district du Stanley-Pool depuis 1888 et capitale du Congo belge par l'Arrêté royal du 1er juillet 1923, Léopoldville (Kinshasa) voit sa position géographique de carrefour économique renforcée par son nouveau statut politico-administratif. Depuis lors, toutes les institutions centrales de l'État y sont installées. Confortées par la centralisation administrative du modèle léopoldien que chapeaute le Gouverneur général de la Colonie, Léopoldville est le centre d'impulsion des institutions publiques du Congo belge. Ce modèle de gestion colonial a perduré après l'indépendance et fut même renforcé par Mobutu sous la Deuxième République. Celui-ci, superposant les institutions étatiques et les structures du Parti unique, s'est établi unique autorité. Président de l'État et du parti, résidant à Léopoldville qu'il baptise Kinshasa en 1966, il prend la posture du roi Léopold II d'autrefois. La structuration des réseaux du pouvoir (régime présidentialiste) et de la communication ramène tout à sa personne. C'est lui, à Kinshasa, qui décide pour tout en dernier ressort, et il offre aux *Kinois* des commodités qui n'existent pas ailleurs. Cela encourage l'émigration ou l'exode rural vers la ville-capitale.

De cinq mille (5 000) habitants[1] en 1889, Léopoldville s'est étendue et devient un centre urbain de dix mille (10 000) habitants en 1910. Consacrée capitale du Congo belge en 1923, elle compte désormais vingt-trois mille (23 000) habitants. Cette population a triplé[2] pour atteindre trente-neuf mille cinq cent trente (39 530) âmes en 1930. De 1,1 % de croissance démographique[3] annuelle en 1935, ce taux passe à 1,5 % en 1945 avec l'« effort de guerre » attendu de la Colonie par la métropole. Après un petit ralentissement vers 1955, la croissance[4] reprend à partir de 1960. Elle s'explique par diverses raisons politiques et économiques liées à l'indépendance nationale.

À ce propos, relevons aussi que les discours[5] partisans de mobilisation politique encourageaient l'installation des

---

[1] *Encyclopédie universelle* in www.universalis.fr, consultée le 20 septembre 2017.
[2] Lelo Nzuzi, F. et Tshimanga Mbuyi, Cl., *Pauvreté urbaine à Kinshasa*, La Haye, Cordaid, 2004.
[3] Shomba, S., Mukoka, F., Olela, D., Kaminar, T.M., Mbalanda, W., *Monographie de la ville de Kinshasa*, Kinshasa, Mediapaul, 2015.
[4] Les données démographiques sont tirées de l'Institut national de Statistique : recensement scientifique de la population zaïroise. Aussi de l'*Encyclopédie universelle* in www.universalis.fr, consultée le 21 septembre 2017.
[5] Jean Bolikango, président du Parti de l'Unité nationale (PUNA) et leader ethnique de *Liboke lya Bangala*, a menacé d'incendier Léopoldville s'il n'était pas élu en juin 1960 Président de la République face à Kasa Vubu de l'Alliance des Bakongo. Et Albert Kalonji comptait sur la mobilisation des baLuba par leur fédération ethnique FEDEKA pour s'opposer à la réhabilitation du Premier ministre Lumumba révoqué en 1960 par le Président Kasa Vubu. Lire Aundu Matsanza, G., *Politique et élites en R.D. Congo : de l'indépendance à la Troisième République*, Louvain-la-Neuve, Academia, 2015, p. 80.

communautés ethniques dans la capitale. Le nombre, étant une arme dans le combat politique ou démocratique d'après indépendance, motivait les partis ethniques à encourager leurs membres à s'installer à Léopoldville. Ce déplacement des populations est conforté encore par les sécessions (du Katanga et Sud-Kasaï) entre 1960-1963 et les rébellions (de Mulele et des Simba) entre 1963-1967.

Ces troubles à l'origine du déclin économique des zones rurales ont occasionné l'afflux de populations notamment vers la capitale, gonflant sa démographie. De quatre cent soixante-seize mille trois cent douze (476 312) habitants en 1960, elle atteindra dix ans après un million cent sept mille six cent quarante et un (1 107 641) habitants en 1970. La crise économique mondiale de la décennie 1970, la chute des cours de matières premières (et le Programme d'ajustement structurel du Fonds monétaire international) ont relancé l'exode rural. D'un million cinq cent quarante-quatre mille trois cent trente-quatre (1 544 334) habitants en 1974, Kinshasa atteint les deux millions deux cent quarante-deux mille deux cent quatre-vingt-dix-sept (2 242 297) en 1980.

Les troubles liés à la démocratisation durant la décennie 1990 ont occasionné les pillages des infrastructures socioéconomiques. Cela a poussé encore plus à l'émigration de populations rurales ou de l'intérieur vers la capitale Kinshasa, dont la démographie a atteint trois millions cinq cent mille (3 500 000) habitants en 1991.

Le contexte de guerres entre 1996-1997 et 1998-2003 a fait exploser cette population qui atteint dix millions (10 000 000) d'habitants en 2000 puis douze millions (12 000 000) en 2015, à la suite des insurrections à l'Équateur (*Enyele*), au Kivu (*Maï-Maï*), au Bas-Congo (*Bundu dia Kongo*) et au Kasaï (*Kamuina Nsapu*). Les projections démographiques de la ville sont une croissance moyenne de 5,5 % l'an, soit vingt millions (20 000 000) d'habitants en 2025.

Comme on peut le remarquer, la démographie de Kinshasa est multiethnique, puisque les mouvements de populations viennent de tout le pays. À chaque situation périlleuse, la capitale, devenue « ville-province », paraît un meilleur lieu de refuge. Une fois installés, ces réfugiés ne regagnent généralement plus leur milieu d'origine, même s'ils s'y rendent pour le commerce ou des visites familiales ; ils deviennent *Kinois* (de Kinshasa) et forment un trait d'union entre le centre et la périphérie de l'État que sont leurs milieux d'origine. Là-bas, ils vulgarisent souvent une autre culture, citadine ou *kinoise*, poussant les locaux à les imiter, par une certaine déférence sociale. Cette culture citadine dénigre le modèle rural ou ethnique des « villageois » pour valoriser une autre manière d'être. Cela favorise généralement une identification nouvelle qui pousse à s'intégrer dans une autre communauté de destin, appelée nation. La ville de Kinshasa, étendue sur une superficie de 9 965 km^2 compte aujourd'hui douze millions (12 000 000) d'habitants inégalement répartis dans ses vingt-quatre communes : vingt-deux communes occupant seulement 11 % de la superficie (1 100 km^2) sont peuplées de onze millions cent dix-sept mille huit cent quatre-vingt-dix-huit (11 117 878) habitants, ce qui représente 92,65 % de la population de la capitale. Maluku et Nsele, les deux communes restantes, à la périphérie est, s'étendent sur 88,74 % de la superficie totale et ne sont occupées que par huit cent quatre-vingt-deux mille cent vingt-deux (882 122) habitants, soit 7,35 % de la population totale de Kinshasa.

2.2.4. Communautés ethniques et brassage identitaire

Pour des raisons diverses (économiques, politiques ou sécuritaires), l'exode rural et les déplacements répétitifs des populations sont à l'origine du déferlement à Kinshasa de Congolais de tous horizons ethniques. La capitale paraît un îlot de sécurité à chaque situation trouble au pays. Nous avons démontré ci-dessus qu'il y a une corrélation entre les troubles armés au Congo et la démographie de Kinshasa. Ce contexte justifie en partie l'émigration de diverses ethnies vers la capitale. À titre illustratif, les baSwahili, dénommés ainsi par la langue véhiculaire usitée, représentent depuis les troubles de 1996-2003 une portion significative de l'émigration vers Kinshasa. Pourtant, leur territoire d'origine est éloigné de la capitale d'environ deux mille kilomètres. Ils ont longtemps été jugés séparatistes (sécession du Katanga ou mouvement *Bakata Katanga*, par exemple). Paradoxalement, depuis que Laurent puis Joseph Kabila, eux-mêmes baSwahili, ont accédé au pouvoir à Kinshasa, cette communauté a émigré massivement vers la capitale et défend[1] désormais l'unité du territoire national, tout autant que la libération du Kivu de l'emprise de *banyaRwanda* grâce au mouvement ou aux actions de la milice ethnique *Maï-Maï*.

---

[1] Position de Kyungu wa Kumuanza, président de l'Assemblée provinciale du Katanga in « Katanga : qui se cache derrière kata Katanga » Jeuneafrique, 14 mai 2013 en ligne, www.Jeuneafrique.com consulté en septembre 2017.

Il faut souligner que, devant choisir entre le statut de réfugié dans un pays limitrophe et celui de déplacé au sein du territoire national, le Congolais opte généralement pour le second. Pour preuve, lorsque trente mille (30 000) Congolais se sont réfugiés en Angola suite à l'insurrection *Kamuina Nsapu* au Kasaï, un million vingt-sept mille (1 027 000) autres se sont déplacés vers d'autres provinces du pays, selon l'ONU[1]. Le choix de migrer à Kinshasa se fait souvent pour ceux qui ont des ressources financières nécessaires au voyage, ou une famille d'accueil dans la capitale.

La neutralité de cette mégapole, devenue un lieu commun à tous, conforte, suite aux conflits armés, l'intégration même des groupes ethniques autrefois réfractaires à l'unité nationale.

Kinshasa, bien que située en terre baKongo, est une ville d'expression liNgala par la forte présence des baNgala et l'emprise de l'administration coloniale, et n'est que faiblement kiKongophone. Bizarrement, elle est aussi devenue swahilophone par l'émigration remarquable d'originaires du Kivu et du Katanga après la rébellion AFDL. Dans cette ville, la langue tshiLuba est aussi d'usage depuis la fin du XIXe siècle, quand des *baKasaï* (ou baLuba) ont été recrutés dans la construction du port fluvial et du chemin de fer Léopoldville-Matadi. Durant la décennie 1990, cette présence s'est renforcée à Kinshasa suite à l'épuration ethnique au Katanga et à la crise de la « MIBA » (Minière de Bakwanga), société d'exploitation du diamant, grande pourvoyeuse d'emplois dans la région. La crise économique et sociale engendrée par son effondrement ainsi que le récent mouvement insurrectionnel *Kamuina Nsapu* ont renforcé encore leur émigration vers la capitale. Ceci transparaît à travers notamment le phénomène *Wewa*[2] dans cette mégapole.

Les contextes économiques et politiques du Congo expliquent les déplacements fréquents de populations, faisant de la capitale, Kinshasa, un pôle multiethnique et un havre de paix.

On constate, par exemple, que le brassage des baSwahili dans la capitale a aussi fait d'eux des lingalaphones. En conséquence, les familles restées au Kivu, et confrontées aux *banyaRwanda*, sont

---

[1] OCHA (Coordination humanitaire des Nations unies), *Rapport : urgence complexe dans la région des Kasaï*, R.D. Congo, 5 mai 2017.
[2] Nouveau mode de transport à Kinshasa, le taxi-moto, initié par les anciens creuseurs de diamant du Kasaï. Ayant servi en brousse, les motocyclettes leur permettent de survivre dans cette mégapole. Ils en ont fait un bon moyen de transport urbain pour échapper aux bouchons.

incitées depuis peu à s'exprimer aussi en liNgala[1] pour se démarquer et prouver leur autochtonie congolaise. Langue de la capitale ou de l'ouest, le liNgala est donc de plus en plus parlé dans l'est et semble se confirmer en tant qu'un déterminant de l'identité nationale. Même la diaspora en a fait un trait distinctif de son identité congolaise à l'étranger[2]. Nous y reviendrons dans le prochain chapitre.

La fonction de brassage ethnique de la capitale Kinshasa résulte de sa culture spécifique. Qualifiée de « *Kin-Kiesse* », ville fêtarde, marquée par l'insouciance et l'apparence, Kinshasa se distingue par son esprit particulier, la « kinoiserie » : la débrouillardise, le paraître, incarné par ses « sapeurs[3] » à la recherche du beau, de l'esthétique...

Généralement, pour pallier la faillite de l'État, cette culture a fait proliférer le mouvement associatif dans la ville. Citons : les associations d'entraide et loisirs (*Moziki*), les associations culturelles (les « originaires de », groupes folkloriques, amicales de jeunes), les associations religieuses (Églises de réveil spirituel), les associations humanitaires (ONG)... Par cette culture, l'impact de l'origine ethnique est dilué à cause de l'identité cosmopolite kinoise conférée aux habitants de Kinshasa. Fondée sur une communauté de culture, cette identification facilite l'insertion dans la nation congolaise puisqu'elle minimise souvent l'origine ethnique au profit du statut kinois des uns et des autres. Ceci justifie aussi le paradoxe[4] de

---

[1] Notre enquête à l'Université catholique du Graben à Butembo, Nord-Kivu, octobre 2011.

[2] Lors de la 72ᵉ session de l'Assemblée générale de l'ONU à New York en septembre 2017, les manifestants congolais opposés au régime de J. Kabila demandaient l'usage du lingala pour débusquer les infiltrés (afro-américains et ouest-africains) recrutés par l'entourage présidentiel pour faire échouer la manifestation.

[3] La SAPE, c'est-à-dire « Société des ambianceurs et personnes élégantes », est un courant culturel qui vénère la mode par la promotion d'habits de grands couturiers ; née dans le contexte d'assimilation coloniale pour être comme les colons européens, elle prône le paraître pour être. Récupéré par des exclus sociaux puis des musiciens, ce courant connaît un essor depuis que le musicien kinois Papa Wemba s'est autoproclamé « roi de la SAPE », suivi de Maître Gims, autre artiste parisien d'origine congolaise, et son opus « Sapé comme jamais ».

[4] Ce paradoxe contredit la théorie malthusienne de la population (Thomas Malthus, *Essai sur le principe de la population*, Paris, Flammarion, 1992) et celle du darwinisme social (Herber Spencer), qui estiment que l'augmentation exponentielle de la population (croissance géométrique) face à la raréfaction des ressources (croissance arithmétique) conduit à la

Kinshasa : une démographie galopante et de maigres moyens de subsistance mais avec une population multiethnique en coexistence pacifique. Au centre du fonctionnement politico-administratif de l'État, cette capitale est une machine d'intégration de la population congolaise par le brassage ethnique et sa culture cosmopolite.

2.3. FRONTIÈRES ET IDENTITÉ NATIONALE

Habituellement, les frontières[1] sont considérées comme des structures spatiales de forme linéaire dont la fonction est de manifester la discontinuité géopolitique d'une entité et d'attribuer des repères sur trois registres : le réel, le symbolique et l'imaginaire. À travers ces registres, il importe de relever que les frontières sont des construits sociaux c'est-à-dire résultant de relations sociales. George Simmel[2] conseille de les cerner, au-delà de leur dimension de séparation physique ou géographique, en tant qu'expression d'une socialisation. C'est pourquoi il a dit : « la frontière n'est pas un fait spatial avec des conséquences sociologiques, mais un fait sociologique qui prend une forme spatiale »[3]. Autrement dit, l'individu s'identifie aux limites de son espace lorsque le groupe les lui prescrit et l'amène à les intégrer dans son schème comportemental. L'individu dispose dès lors d'une identité de groupe construite sur les limites spatiales de celui-ci.

Découlant de l'idée de « faire front », la frontière se matérialise à travers une clôture, une route, une montagne, un fleuve, une rivière, un pont... Elle confère des limites à une entité et participe ainsi à la formation[4] de communautés politiques ou à la réaffirmation d'une communauté nationale. Elle unit le « nous » par rapport à la communauté de « eux ». Par l'intégration des uns et l'exclusion des autres, la frontière attribue une identité particulière au groupe au sein d'un espace, en comparaison avec ceux qui n'en font pas partie. Elle est donc génératrice de différences entre les entités humaines.

---

violence, devant mener à la disparition des faibles, d'où la désintégration sociétale.
[1] Foucher, M., *Fronts et frontières : un tour du monde géopolitique*, Paris, Fayard, 1991, p. 38.
[2] Paquot, T., « En lisant Georg Simmel » in *Revue Hermès : Murs et frontières*, n 63, 2012, p. 21.
[3] *Ibid.*, p. 22.
[4] Delmotte, F. et Duez, D. (sous dir.), *Les frontières et la communauté politique : faire, défaire et penser les frontières*, Bruxelles, Presses de l'Université Saint-Louis, 2016, p. 17.

La délimitation et l'unification du territoire congolais viennent du partage de l'Afrique à la Conférence de Berlin (15 novembre 1884 - 26 février 1885). L'espace attribué au monarque belge Léopold II est délimité effectivement le 1er août 1885 par des frontières reconnues qui lui donnaient une forme quasi-rectangulaire. Ce territoire baptisé État indépendant du Congo (ÉIC) est un produit de conquête et de négociation de l'Association internationale du Congo (AIC) financée par Léopold II à travers les expéditions, notamment d'Henri Morton Stanley. Pour reconnaître son autorité sur cet espace du bassin du Congo, la Conférence de Berlin a exigé du Roi la neutralité et la liberté de commerce pour toute puissance coloniale voulant y exercer une activité. Cette condition est consacrée clause obligatoire à l'existence de l'ÉIC dans l'Acte général de Berlin.

Après cette reconnaissance, Léopold II, souverain de l'ÉIC, a agrandi le territoire de son « État » par des négociations : avec la France, outre les chefs locaux, par l'accord du 29 avril 1887 établissant la frontière nord-ouest jusqu'au 4e parallèle nord ; avec le Portugal par l'accord du 21 mai 1891 étendant la frontière sud-ouest de l'ÉIC afin d'accéder à l'océan ; avec la Grande-Bretagne par un accord du 10 mai 1910 poussant les limites sud et est de l'ÉIC dans le *Copper belt* (ceinture du cuivre) [actuellement la Zambie].

Toutes ces délimitations[1] ont conforté l'étatisation de l'espace congolais par ses frontières qui matérialisent la communauté de « nous » par rapport à celles d'autres États colonisés. Ainsi, l'ÉIC va devenir progressivement un espace d'appartenance communautaire pour ceux qui y vivent, sans que cela n'altère leur lien primaire (tribal ou ethnique).

Par ses frontières, l'ÉIC se charge d'une double attribution qui fait que son territoire et son pouvoir colonial deviennent, pour ses populations, constructeurs de l'identité nationale. En effet, vues de l'extérieur, ces frontières attribuent à l'ÉIC la souveraineté dans les limites de son espace : il exerce l'autorité sans se référer aux tiers. C'est pour cela, s'il faut se référer au scandale de mains coupées ou à d'autres violations des droits de l'homme, que le roi Léopold II, dont l'ÉIC est le patrimoine, n'avait de compte à rendre à personne. Cette souveraineté[2] dans le contexte colonial est fondée uniquement sur la dimension de puissance publique. La dimension de légitimité

---

[1] Bennafla, K., *op. cit.*
[2] Aundu Matsanza, G., *Comprendre la science politique en 9 leçons, op. cit.*, p. 55.

est omise, faute de contrat social avec les indigènes. Cet État n'est donc pas issu de la volonté des autochtones mais plutôt de celle des étrangers, à travers la Conférence de Berlin. Il est un produit d'exportation du modèle d'État occidental amputé de certains de ses fondements[1] (notamment la légitimité et la séparation des pouvoirs). Les populations locales n'ont été ni consultées ni associées à l'étatisation de leur espace. Toutefois, comme dans d'autres espaces d'« États » qui ont émergé en Afrique, elles ont été amenées à se l'approprier et à s'identifier aux limites de ce nouvel espace collectif.

Vues de l'intérieur, ces frontières dotent l'ÉIC des capacités de l'exercice souverain de contrainte et d'imposition d'un ordre public, permettant de supprimer l'esclavage ainsi que la traite négrière des arabisés, conformément au mandat reçu de l'Acte général de Berlin[2]. Mais ces capacités ont aussi permis à l'autorité coloniale d'attribuer aux populations locales, par l'éviction des roitelets et potentats tribaux, une seule identité dite en 1892 « nationalité congolaise[3] ». Par cette identification commune assimilée progressivement par les autochtones, et par le monopole de la contrainte, l'ÉIC s'est posé en garant de la sécurité ainsi que de l'identité collectives. L'autorité coloniale a reçu dès lors, dans les limites des frontières d'État, la mission de faire d'individus ethniques ou de groupes tribaux des Congolais. Sans le vouloir et inconsciemment, elle est constructrice de la nation congolaise et dispensatrice de références identitaires collectives. Elle participe ainsi à l'édification d'un sentiment généré par le sort commun qui, à terme, va engendrer le nationalisme, base – bizarrement – de son éviction de ce territoire.

Les différences que créent les frontières entre peuples entraînent aussi la concurrence et l'imitation. C'est pourquoi, par imitation, le système colonial va transférer dans la Colonie des traditions politiques ou civiques métropolitaines. Cette transmission est confortée par la concurrence de cultures entre les États européens colonisateurs. Les emblèmes de l'État, les uniformes des agents au

---

[1] Aundu Matsanza, G., *L'État au monopole éclaté, op. cit.*, pp. 18-26.
[2] Sendwe Kasongo P., *La loi fondamentale belge du 19 mai 1960 relative aux structures du Congo : pour un Commonwealth entre le Congo, le Rwanda, le Burundi et la Belgique*, Louvain-la-Neuve, Academia Bruylant, 2003, pp. 20-23.
[3] Décret du 27 décembre 1892 signé par Léopold II relatif à la nationalité congolaise : définition, conditions d'acquisition…

service de cet État (soldats, fonctionnaires, magistrats ou juges), la pratique du salut au drapeau, l'hymne national... sont copiés selon les modèles occidentaux pour matérialiser et rendre visible le pouvoir public. L'imitation et la transmission de ces traditions après l'indépendance ont renforcé chez des autochtones l'acquisition d'une nouvelle culture politique. Dans cette optique, la « théorie du double héritage »[1] exposée par Olivier Morin, d'après Robert Boyd et Peter Richerson, épingle l'influence sociale comme l'un des facteurs de stabilisation des traditions. L'influence sociale de certaines fonctions d'État conforta ces traditions coloniales, qui se sont transmises ensuite de génération en génération. Le rôle des animateurs du pouvoir public a permis à la nation de prendre forme graduellement grâce au conformisme et à la déférence. Ce conformisme résulte de l'adhésion populaire à ces fonctions d'État, reproduites puis diffusées partout dans ses frontières ; la déférence est secrétée par le prestige attaché aux rôles, et entretenu par des attributions matérielles et symboliques.

Il faut reconnaître que l'invention ou la reproduction de ces traditions fonctionnelles au sein des frontières de l'État congolais tire ses fondements de l'administration coloniale. Issue de l'Association Internationale Africaine (AIA) devenue rapidement Association Internationale du Congo (AIC), l'ÉIC était ouvert à tout le monde selon l'exigence de l'Acte général de Berlin. Les agents de l'AIC légués à l'ÉIC étaient au départ de diverses nationalités européennes (Italie, Suisse, Norvège, Suède, Danemark, Belgique...) et africaines (Sénégal, Gambie, Guinée, Ghana...). Pour la plupart, ils étaient aussi militaires, car la soumission de certaines entités précoloniales (empires et royaumes ou groupes tribaux du Congo) nécessitait de longues campagnes militaires ; après la campagne, ces officiers et sous-officiers devenaient alors administrateurs des territoires, et ils imposaient une administration de type militaire, remarquable par l'uniforme de ses agents, les insignes de grade, la parade militaire du salut au drapeau, la discipline ainsi que le respect dû à l'autorité et aux instructions. Ces traditions copiées des armées occidentales sont transférées à l'administration civile de l'ÉIC qui les a transmises à son tour à l'administration publique du Congo belge en 1908 puis à celle de l'État congolais postcolonial à partir de 1960.

Ces traditions[2] sont reconduites lors de l'affectation de nouveaux administrateurs du territoire, d'autant plus qu'ils ont dans leurs

---

[1] Morin, O., *op. cit.*, pp. 95-99.
[2] De Clerck, L., *op. cit.*, p. 195.

fonctions le commandement local des forces de l'ordre. C'est aussi l'origine des honneurs militaires quotidiens à l'autorité publique. L'assimilation et la diffusion par les autochtones de ces traditions ont contribué à l'unification des Congolais. De ce fait, l'État colonial peut être qualifié de géniteur de la nation congolaise, qui s'y est greffé à l'indépendance à travers son statut d'État-nation postcolonial. Toutefois nous souscrivons à la thèse de Lancine Sylla[1] qui soutient que la nature de l'État et celle de la nation divergent. Un travail de fond doit être entrepris, quant à nous, sur l'État pour le débarrasser de sa nature prédatrice issue de la colonisation. Aussi la nation doit se reconstruire pour quitter son statut de « soumise » à cause du paternalisme colonial qui a baigné son émergence.

Relevons en outre que la lutte des autochtones pour l'indépendance s'est focalisée sur le contrôle et l'appropriation de ces traditions et symboles coloniaux. Ainsi, pour le Congolais Boyimbo[2], l'acquisition de l'indépendance le 30 juin 1960 consistait d'abord à arracher au roi Baudouin de Belgique l'épée symbolisant son pouvoir ; ce qui fut perçu par les autochtones comme un dépouillement de toute capacité de régner sur le Congo.

L'imitation des traditions coloniales s'est répandue, à l'exemple de certains pays, tel le Ghana devenu indépendant en 1957. Cette indépendance a engendré le mouvement d'émancipation ou les luttes de libération nationale en Afrique par imitation des autres. Ainsi est né le Panafricanisme, encourageant ces luttes et partageant les expériences de libération du joug colonial. L'idée de décolonisation[3] avancée notamment par le général français Charles de Gaulle dans ses discours de Brazzaville en 1944 et 1958, confortée par la Conférence de Bandoeng en 1955 et celle d'Accra en 1958, a stimulé le nationalisme chez les leaders autochtones. Leurs efforts consistaient notamment à déposséder le colonisateur des symboles de son pouvoir et à s'approprier les attributs qui matérialisent l'État tant à l'intérieur (les symboles de la puissance

---

[1] Sylla, L., *op. cit.*, p. 310.
[2] Ambroise Boyimbo est l'homme filmé par la télévision belge le 30 juin 1960 tenant en main l'épée du roi Baudouin qu'il venait de subtiliser avant la cérémonie proclamant l'indépendance du Congo. Voir Dries Engels et Bart Van Peel, *Boyamba Belgique, pourquoi un roi ne devait pas perdre son épée*, Enquête à l'occasion des 50 ans du Congo, Documentaire VRT Canvas, Kinshasa, 2010.
[3] Aundu Matsanza, G., *Politique et élites…, op. cit.*, p. 41.

publique : acte d'investiture à un poste et ses insignes) qu'à l'extérieur de ses frontières (les symboles de la souveraineté : les emblèmes nationaux).

À travers la lutte d'indépendance, les autochtones expriment leur volonté de disposer, eux-mêmes, de leur territoire devenu État d'après les limites de la Conférence de Berlin (1885). De ce fait, les frontières étatiques matérialisent leur identité collective en tant que nation dans laquelle ils se reconnaissent par ses éléments d'identification (carte de citoyen, passeport, drapeau...).

CHAPITRE III.

IDENTITÉ ET RÉSILIENCE DE L'ÉTAT

Dans ce chapitre, il est question de cerner les mécanismes par lesquels l'État congolais parvient à s'adapter aux circonstances troubles qui jalonnent son évolution. Menaçant généralement sa survie, ces difficultés se transforment souvent, par un dynamisme propre à la société congolaise, en opportunité de réadapter l'État au contexte. L'idéologie ultranationaliste à laquelle recourent les acteurs pour se repositionner socialement et politiquement est un premier aspect abordé ici. Puis, la gestion de la double appartenance identitaire (nation et ethnie) est un second aspect de la compréhension de cette résilience de l'État congolais ; sous cet angle nous verrons d'abord la représentation politique qui offre l'opportunité de partage et d'appropriation communautaire du pouvoir ; ensuite, l'apport de la diaspora dans la suppléance d'une partie des charges incombant aux institutions publiques. À travers ces circonstances, parfois mécaniques, l'État acquiert une certaine résilience qui le fait survivre en dépit des clivages et des crises récurrentes auxquelles il est confronté.

1. L'ULTRANATIONALISME AU SECOURS DE LA RD CONGO

La proclamation de l'indépendance en juin 1960 consacre la naissance de l'État-nation au Congo. Antérieurement inexistantes, les frontières de l'État issues de la colonisation sont réappropriées à cette occasion par les autochtones à travers un nationalisme bâti sur le sentiment anticolonial. Depuis lors, ces frontières matérialisent l'identité nationale calquée sur le territoire de l'État. Les péripéties postcoloniales renforcent cette identification exacerbée, par ailleurs, par un usage ultranationaliste des jeux et enjeux politiques. Surfant sur une vague de craintes, l'identité nationale, voire nationaliste, est confortée à travers l'instrumentalisation des menaces[1] à la fois symboliques et réelles. Le discours sur « la menace étrangère » ou « l'autochtonie » sert souvent à mobiliser le soutien politique, et mène les groupes ethniques à s'intégrer par une identification à la nation. Ce fait permet à l'État de se réadapter à son environnement

---

[1] Kervyn, N., Leyens, J.-Ph. et Deschamps, M., *De l'identité nationaliste*, Paris, Lemieux, 2015, p. 93.

sociétal. Grâce à ces groupes ou communautés, l'État s'appuie sur les chefs traditionnels pour s'adapter ou se réadapter aux mutations de l'environnement sociétal. Ces chefs semblent un trait d'union entre l'État et la nation. L'émergence des milices ethniques *Maï-Maï* ou *Kamuina Nsapu*, par exemple, permet d'illustrer ce rôle des chefs traditionnels dans la défense et la résilience de l'État congolais. L'ultranationalisme de ces milices s'inspire de la résistance à l'envahisseur colonial : les chefs traditionnels, avant-garde de cette lutte pour la terre des ancêtres, ont transmis, nous le verrons, leur détermination aux descendants postcoloniaux. De ce fait, l'attachement à la terre est un premier élément duquel l'État tire sa résilience.

1.1. DES RÉSISTANTS COLONIAUX AUX HÉRITIERS POSTCOLONIAUX

Comprendre le rôle des chefs traditionnels nécessite un saut dans le passé. Voyant dans la colonisation une menace contre leur pouvoir, les chefs traditionnels sont les premiers à résister à l'invasion coloniale, surtout dans les espaces où l'autorité était centralisée, comme chez les Zande, les Yaka, les Shi, les Luba Shankadi, les Songye... Les chefs Kasongo Nyembo des Luba-Kat, ou Lumpungu des Songye, par exemple, ont résisté farouchement au colonisateur qui, pour occuper le territoire, n'avait d'autre choix que de les faire disparaître.

Dans ce même élan au sein des entités segmentaires, les chefs traditionnels ont inspiré des soulèvements paysans pour résister à l'occupant, compte tenu de la faible démographie de leurs entités qui ne permettait pas une lutte armée ouverte. Le rythme effréné imposé à la récolte de caoutchouc et à la livraison d'ivoire a poussé ces populations à des révoltes. C'est pourquoi certains groupes ethniques – les Boa (1903-1904 et 1910) ou les Budja (1903-1905) – se sont soulevés contre les cadences sous l'impulsion des chefs traditionnels. La neutralisation de ces opposants a amené le colonisateur à assassiner certains chefs et à en déporter d'autres.

À leur place est apparue une autre forme d'opposition : les sectes messianiques et syncrétiques. Celles-ci, mélangeant les pratiques et symboles du christianisme avec ceux des ancêtres, ont recouru aux forces surnaturelles pour se libérer du joug colonial. C'est dans ce contexte qu'ont émergé les mouvements tels ceux de Simon Kimbangu (1921) ou Simon Mpadi (1939) au Bas-Congo. Anciens catéchistes, ils ont détourné le christianisme utilisé par le colonisateur comme idéologie de soumission, et après lui avoir inoculé des traits traditionnels, ils en ont fait une idéologie de libération de toute domination étrangère.

Au Katanga, en Province-Orientale et au Kivu, cette résistance messianique ou syncrétique s'est matérialisée notamment à travers les sectes Mwana Lesa (1925) et Kitawala (1930). L'expansion rapide de ces mouvements fut facilitée par les sanctions administratives coloniales qui consistaient à reléguer les contrevenants dans leurs milieux d'origine ou à les assigner dans une autre région. Les punis n'ont pas arrêté de répandre les idées de libération de toute domination, et ils vulgarisaient la résistance à l'envahisseur colonial.

Cette idéologie, ébauche du nationalisme, est copiée ensuite par les leaders de la lutte d'émancipation pour obtenir l'indépendance. Dans le contexte postcolonial, elle est devenue un instrument de lutte contre les incursions et immixtions étrangères sur le territoire congolais ou dans ses affaires intérieures.

Dans cette optique, la milice *Maï-Maï* semble une réinvention postcoloniale de cette résistance à l'envahisseur colonial d'autrefois. Elle s'inscrit dans la continuité de l'action de défense, par les chefs traditionnels ou par les gourous syncrétiques, de leur terre menacée d'appropriation par des étrangers. Le mouvement *Maï-Maï* est issu des milieux ruraux ; il supplée la défaillance de l'État à protéger son territoire des incursions étrangères et à faire profiter sa population de ses nombreuses ressources naturelles.

Le phénomène « milices ethniques » ou « groupes d'autodéfense » est une forme de lutte ré-initiée par Pierre Mulele[1] à partir de 1963 contre les affres en milieux ruraux du régime représenté par Mobutu. Pour Mulele, ce régime incarnait l'impérialisme occidental avec ses méthodes de gestion et de domination. Pour lui, ce régime ayant collaboré à l'assassinat de Patrice Lumumba devait être combattu et renversé par une action populaire ou paysanne. Établi dans son terroir ethnique au Kwilu, Mulele mobilise et forme les paysans à ce combat de libération de l'impérialisme occidental. La vulgarisation du discours ultranationaliste contre l'Occident et ses collaborateurs locaux a débouché sur la xénophobie et le chauvinisme. Les partisans de Mulele se sont donnés alors à l'éradication tant des Européens (les

---

[1] Aundu Matsanza, G., *Politique et élites...*, *op. cit.*, p. 103.

religieux surtout) que des intellectuels et fonctionnaires de l'État congolais, qualifiés de complices de l'Occident.

Pour résister à l'armée de Mobutu, Mulele a remis au goût du jour une pratique traditionnelle conçue au Sankuru en 1905 par le mouvement syncrétique *Epikilipikili*[1]. Celle-ci consistait à faire absorber aux adeptes, avant d'affronter les forces coloniales, une potion appelée *tonga-tonga*, censée conférer une protection surnaturelle. Cette pratique se répandit dans plusieurs groupes ethniques du Kasaï (Tetela, Ndengese, Salampasu, Shilele...) jusqu'à la frontière du Bandundu chez les Pende, Ding, Mbund...

Chez les partisans de Mulele, la prise du breuvage magique est complétée par un baptême ou lavement corporel, qui va immuniser les combattants contre les balles. L'efficacité du rituel reposait aussi sur la récitation durant la bataille de la confession : « *Mulele - Maï* » (littéralement : Mulele-eau). Par ce cri, les balles tirées par les militaires sont censées être transformées en eau. La foi en la puissance du nom de Mulele a fait de lui un « homme-esprit », un quasi-dieu. Ses partisans, se croyant invincibles, se jetaient sans peur ni retenue sur les soldats, tels des *kamikaze*, en dépit des pertes dans leurs rangs. Leur mental ayant été puissamment dopé par cette croyance, ils se dévouaient jusqu'à la mort, pensant accéder au statut de martyr (comme les *djihadistes*). Le zèle pour libérer et défendre la nation atteignait ainsi chez eux un niveau suprême du sacrifice.

La jonction des partisans de Mulele avec les « *Lumumbistes* » ou « *Simba* » (lion) au Kivu (est du Congo) a contribué à transmettre et développer cette pratique dans d'autres communautés ethniques telles les baBembe ou les baNande. Dans ce terroir du Kivu, l'adoption de ce rituel fut motivée par deux objectifs : combattre les militaires de Mobutu, pions de l'impérialisme occidental, et lutter contre l'invasion des *banyaRwanda* (Hutu et Tutsi).

Dès lors, s'étant affranchi du modèle de Mulele, ce rituel a misé sur une double potion d'eau : *Maï-Maï*. C'est devenu aussi une dénomination de tous ceux qui s'engagent pour libérer la terre ancestrale de l'occupation étrangère. Face aux allochtones *banyaRwanda*, l'idéologie ultranationaliste mobilise les jeunes autochtones à défendre non seulement l'entité ethnique mais aussi le territoire national. La xénophobie est exacerbée et utilisée comme un instrument d'intégration des communautés locales à la nation, et de sensibilisation contre les menaces extérieures que représentent notamment les allochtones Hutu et Tutsi.

---

[1] Young, C., *op. cit.*, p. 147.

Cette façon de procéder est redynamisée durant la décennie 1990 par les enjeux politiques liés à la démocratisation. La présence de réfugiés rwandais sur le sol congolais suite au génocide de 1994 a ressuscité et amplifié cette xénophobie ainsi que les initiatives des *Maï-Maï*. Dans le discours ultranationaliste, cette présence est exposée comme une invasion face à laquelle les autochtones doivent se lever et défendre le territoire national. Il faut noter que ce discours est entretenu par les leaders politiques qui veulent se repositionner dans le champ politique[1]. Compte tenu des élections en vue, ceux-ci construisent leur notoriété en exacerbant le sentiment nationaliste. La qualité de Congolais est déniée[2] aux *banyaRwanda* dont les leaders[3] sont qualifiés « d'infiltrés rwandais ».

La forte démographie des réfugiés Hutu et Tutsi au Kivu après le génocide est présentée comme une stratégie d'occupation de terres congolaises. C'est pourquoi les gangs autochtones (Kasindien, baNgilima, Katuku, Batiri,…)[4] en milieu rural sont sensibilisés par les chefs traditionnels (*bami* ou *mwami*) à défendre le terroir. Espérant une intégration sociale, ces jeunes s'en sont saisi pour se proclamer « groupes d'autodéfense ethnique » au sein des villages. Pareillement à la rébellion lumumbiste, ces miliciens luttent contre les exactions des militaires à l'encontre des communautés locales ainsi que contre les *banyaRwanda* supposés vouloir s'approprier les terres ancestrales. Ces milices ethniques *Maï-Maï* renaissent autour des chefs traditionnels pour protéger les entités locales.

La faiblesse du pouvoir public congolais à assurer ses missions régaliennes a conféré à ces groupes un rôle paradoxal : d'un côté, celui d'exposition de la fragilité de l'État, dont la conséquence est son probable effondrement ; et de l'autre côté, celui d'affirmation de l'identité congolaise calquée sur le territoire d'État, empêchant ainsi cet effondrement. Il faut souligner que ce phénomène de milices ethniques est à l'origine des seigneurs de guerre et mercenaires qui marquent l'histoire récente du pays.

---

[1] Parmi ces leaders politiques autochtones du Kivu, citons Nyamwisi Muvingi, Bwanakabwe, Kasereka,…
[2] Aundu Matsanza, G., *Politique et élites…*, op. cit., p. 197.
[3] Quelques leaders politiques *banyaRwanda* : Rwakabuba Shinga, Sebuliri Bizimana, Ntirumenyera,…
[4] Mwaka Bwenge, A., « Les milices Mayi-Mayi à l'est de la RD Congo : dynamique d'une gouvernementalité en situation de crise » in *Revue Africaine de Sociologie*, n° 7, (2) 2003.

Ces contradictions (fragilité de l'État – affirmation de l'identité nationale) ne débouchent pas sur la dilution des frontières étatiques grâce notamment au rôle de ces groupes d'autodéfense qui suppléent aux carences du pouvoir public. Ainsi l'impact néfaste de la fragilité de l'État est noyé par les effets positifs de l'intégration des groupes dans la nation. Ainsi s'opère une espèce de résilience au sein de l'État qui se réadapte en laissant certaines de ses missions aux structures circonstancielles, telles que les groupes d'autodéfense, conformément au contexte et à l'environnement.

1.2. DE L'ÉTAT FAILLI À L'ÉTAT SAUVÉ

Dépassé durant la décennie 1990 par l'incursion massive des réfugiés rwandais, l'État congolais a étalé très vite son incapacité à maîtriser le flux démographique et l'intégrité de son territoire. Et compte tenu de l'accroissement de la pauvreté due à la baisse du revenu par habitant[1], la sécurité publique est devenue le ventre mou de son pouvoir. La question posée n'était plus celle de la fragilité de l'État mais plutôt celle de sa quasi-faillite[2], de son incapacité à assurer ses principales missions. De fait, certaines entités territoriales ont échappé à son contrôle et ont vu proliférer les bandes armées tant locales qu'étrangères. L'armée et la police sur le terrain, censées sécuriser les personnes et leurs biens, sont devenues elles aussi un problème par le comportement des militaires et policiers qui vendent leurs services au plus offrant. Face à ce commerce de la sécurité, les bandes armées et mafieuses en ont profité pour taxer, elles aussi, la sécurisation des personnes et des biens dans les entités sous leur contrôle. Cette généralisation de l'insécurité atteste de l'incapacité du pouvoir public à assurer l'une de ses missions régaliennes : la sécurité et la défense du territoire.

Dans un semblant d'effondrement du pouvoir public, et suite aux nombreuses plaintes des administrés, les chefs traditionnels ont été contraints, en tant qu'autorité coutumière, d'assumer la place de l'État. Détenteurs d'un pouvoir de gestion à la fois reconnu et

---

[1] Le revenu journalier par habitant est tombé de 1,31 $US en 1973 et 0,91 $US en 1974 à 0,30 $US en 1998. Cf. ministère du Plan/RDC, *Document de stratégie pour la réduction de la pauvreté*, Kinshasa, juillet 2005, p. 23.
[2] Observatoire de l'Afrique, *Les États fragiles en Afrique : un paradigme utile pour l'action ? Rapport de conférence*, Didimala Lodge, Afrique du Sud, août 2008.

distinct de celui de l'État, ils tirent leur légitimité[1] non seulement du milieu et des réalités sociales et culturelles locales mais aussi du passé ancestral sacré. La considération sociale de leur fonction et les valeurs véhiculées par leur statut[2] confèrent à leur personne une capacité de lutter contre l'insécurité dans leurs entités. Leur appel aux jeunes à se mobiliser est l'origine de la transformation de gangs locaux en milices tribales ou groupes d'autodéfense ethniques. Pour cela, l'ultranationalisme d'antan est réhabilité afin de recruter davantage les jeunes. Organisés dans les villages sous l'encadrement des *bami* (au singulier : *mwami*, chef traditionnel ou chef de village)[3], ces jeunes sont initiés aux pratiques fétichistes du liquide « magique » ou *Maï* (eau sacrée) pour être immunisés contre les balles ennemies. Ainsi, les chefs traditionnels étant à l'initiative du rituel du baptême d'eau magique, les jeunes *Maï-Maï* se croient protégés par les ancêtres dans l'accomplissement de leur mission de défendre le terroir contre l'envahisseur et de sécuriser les personnes et leurs biens.

Souvent mono-ethniques et dirigées ou inspirées par un chef traditionnel (ou de village), les milices *Maï-Maï* ont proliféré au Grand-Kivu, rendant difficile une coordination de leurs opérations. Tout autant, elles devenaient tracassières dans leur prise en charge organisée par le chef traditionnel, qui collectait les rations alimentaires auprès des familles. Face à leur grand nombre et à la faiblesse des revenus par ménage, des mécènes, généralement hommes d'affaires locaux, sont apparus pour les prendre en charge. S'étant attribué ensuite l'exclusivité du soutien financier, ils se sont progressivement approprié la milice. Par exemple, les commerçants d'ethnie Nande[4] ont détourné la milice *baNgilima* au Nord-Kivu à leur profit afin d'empêcher leurs concurrents Tutsi de circuler et d'entreprendre librement leurs affaires.

---

[1] Ouedraogo, H., « Décentralisation et pouvoirs traditionnels : le paradoxe des légitimités locales » in *Mondes en Développement*, n. 133, (1) 2006.
[2] Loi fixant le statut des chefs coutumiers en RD Congo, août 2015.
[3] Chef Kurhenga Muzimu de la chefferie de Ngweshe (groupement Mushinga) de l'ethnie baShi (Sud-Kivu) encadrait la milice *Maï-Maï Mudundu 40* ; chef Katora Ndalemwa de la chefferie de Bunyakiri (groupement Mubuku) avait aussi sa milice tout autant que le *mwami* Ndare Simba des baFuliro.
[4] Van Acker F. et Vlassenroot, K., « Les Maï-Maï et les fonctions de la violence milicienne dans l'est du Congo » in *Politique africaine*, n 84, (4) 2001, pp. 103-116.

Finalement, l'appât du lucre a dévié certaines de ces milices de leurs objectifs initiaux de défense du terroir, vers d'autres objectifs souvent illicites ou criminels. Ainsi sont-elles devenues parfois des bandes de mercenaires au service d'intérêts privés. Entre autres déviations, elles procèdent à l'extraction et au trafic illicite de minerais telles des organisations mafieuses.

Dans cette optique, il importe de relever également que les rébellions successives au Kivu (Lumumbistes-Simba, AFDL, RCD, MLC, CNDP, M 23,…) ont contribué à l'émergence des « seigneurs de guerre », lesquels se proclament aussi *Maï-Maï*. Ce fait dénature l'idéal de la lutte des *Maï-Maï* et accroît leur manipulation par divers acteurs (politiques, économiques et/ou étrangers), qui les opposent parfois selon leurs intérêts. Toutefois, leur grand nombre (estimation : 120 groupes armés au Kivu[1]) empêche ces acteurs d'être sûrs de leur loyauté. Les alliances sont généralement éphémères, fluctuant au gré de la conjoncture et des offres. Leur prolifération dans les milieux ruraux et leur statut de collaborateurs peu fiables rendent difficile une occupation étrangère durable d'une partie du territoire congolais dans l'est.

Ainsi les rébellions pro-rwandaises (AFDL ou RCD) se sont butées[2] aux actions *Maï-Maï* instiguées par les chefs traditionnels opposés aux étrangers. L'assassinat du *mwami* Lenge Rampa sous la rébellion AFDL en octobre 1996, puis les arrestations d'autres chefs traditionnels (Pierre Ndatabaye de Ngweshe, Désiré Kabare de Kabare, Nakalonge de Kalonge,…) s'inscrivent dans cette logique d'étouffer la résistance autochtone animée par les chefs traditionnels.

En août 1998, la rébellion du RCD a reproduit ce schéma au Sud-Kivu en massacrant le *mwami* Mubeza de Kasika, son épouse et une soixantaine personnes de sa cour royale. Les chefs traditionnels ayant survécu, contraints à l'exil hors de leur terroir, furent remplacés par des personnes coopératives nommées par les rebelles et, souvent, non issues de la lignée royale.

En réaction, et en soutien au chef traditionnel déchu, les miliciens *Maï-Maï* ont procédé à l'assassinat ciblé des nouveaux chefs de paille nommés par les autorités rebelles au service de l'occupation. Ainsi, des chefs traditionnels ont été pourchassés par les uns et les

---

[1] Berghezan, G., *Est du Congo : à qui profite la prolifération des groupes armés ?* Bruxelles, Éclairage du GRIP, 3 janvier 2018.
[2] Namegabe, P.-R., « Le pouvoir traditionnel au Sud-Kivu de 1998-2003 : rôle et perspective » in *L'Afrique de Grands Lacs,* Paris, L'Harmattan, 2005.

autres. En cas de vides laissés par leur fuite, il est arrivé parfois que certains chefs *Maï-Maï* les comblent en se substituant à l'autorité, percevant les taxes et rendant la justice. Cette déviation a conduit à la prolifération des « seigneurs de guerre » qui marchandent la sécurité et créent une économie de guerre surtout dans les zones minières. Paradoxalement, cette réaction nationaliste violente des *Maï-Maï* contre les rebelles supplée le pouvoir public en contrant l'occupation étrangère et en préservant l'intégrité du territoire national. Par ce rôle indirect, ces miliciens, souvent désœuvrés, s'intègrent socialement et politiquement dans un corps (nation) duquel ils semblaient exclus autrefois. S'identifiant Congolais (*Kongomani*), ils confortent l'appartenance collective à une même nation à travers l'unité du territoire étatique. De cette manière, ils contribuent au renforcement des capacités de l'État à protéger ses frontières. C'était la stratégie appliquée par Laurent-Désiré Kabila contre les rébellions du RCD au Kivu et du MLC en Province-Orientale.

Les liens entre L.D. Kabila et les *Maï-Maï* ont été souvent ambivalents : tantôt de coopération, tantôt de conflit. À l'époque de l'AFDL, les *Maï-Maï* l'ont soutenu tant que sa rébellion visait à renverser le régime de Mobutu, incapable de protéger leur terroir envahi par les *banyaRwanda*. Mais après l'accession de L.D. Kabila au pouvoir en mai 1997, quand l'AFDL fut dirigée par le Hutu Bugera, les *Maï-Maï* ont contesté ce régime. Une fois Bugera démis de ses fonctions en juin 1998 et remplacé par le Katangais Mutomb Tshibal, les *Maï-Maï* ont renoué en août 1998 leur collaboration afin de lutter contre la rébellion du RCD.

Pour pallier l'emprise rwandaise dans l'AFDL, L.D. Kabila a eu recours à l'idéologie ultranationaliste des *Maï-Maï*, afin de pousser ceux-ci à s'engager contre ce qu'il a qualifié d'« agression du territoire national ». Il a ainsi fait de ces miliciens des suppléants des Forces Armées Congolaises (FAC), formés et équipés sous le label « Forces d'Autodéfense Populaires » (FAP), avec pour mission de gêner la rébellion qui s'implantait localement au Kivu. Pour confirmer les *Maï-Maï* dans leur fonction, L.D. Kabila nomma en septembre 1999 un de leurs chefs, Sylvain Luecha, commandant en chef des Forces Armées Congolaises[1] et il nomma plusieurs autres au grade de général, notamment Dunia, Sikatenda, Padiri,… afin de couvrir leurs opérations du sceau du gouvernement congolais.

---

[1] Van Acker, F. et Vlassenroot, K., *op. cit.*, pp. 103-116.

Cette idéologie ultranationaliste[1] teintée de chauvinisme et de xénophobie envers les *banyaRwanda* a fait effet localement, à telle enseigne que les milices *Maï-Maï* ne recrutent plus seulement de jeunes paysans illettrés mais aussi de jeunes citadins instruits, notamment à Bukavu, Beni, Butembo,... La matérialisation de cette idéologie a permis de dépasser les rivalités locales entre les groupes ethniques, comme celles des baShi avec les baRega au Sud-Kivu. Ce rapprochement des ethnies contre l'occupant étranger a facilité aussi les alliances entre les groupes *Maï-Maï* qui en sont issus pour des actions coordonnées contre l'envahisseur. L'exemple typique est celui des opérations conjointes entre les *Maï-Maï* Yakutumba du Sud-Kivu, majoritairement baBembe, avec les *Maï-Maï* Malaïka du Maniema, majoritairement baBangubangu.

Par cette manière de s'opposer aux envahisseurs étrangers (rebelles et affairistes étrangers), les *Maï-Maï* préservent l'État congolais d'un effondrement total. Leurs actes de défense des entités traditionnelles, en greffant les enjeux locaux aux enjeux étatiques, sauvegardent l'intégrité du territoire national et confortent l'attachement à la terre, élément d'identification nationale congolaise.

1.3. L'IDENTITÉ AU CŒUR DE LA « LIBÉRATION » NATIONALE

Le réveil nationaliste à travers le rôle des chefs traditionnels à l'est du territoire national (mouvement *Maï-Maï*) est imité par d'autres groupes à l'ouest et au centre du pays. Mais lorsque les initiatives des chefs paraissent parfois insuffisantes, il est fait recours à l'action messianique ou syncrétique. C'est le cas du groupe ethnico-syncrétique *Bundu dia Kongo* (Union Kongo) dirigé par le gourou Ne Muanda Nsemi. Celui-ci, se référant à l'histoire, mobilise sa communauté baKongo à s'opposer à toute forme de domination étrangère à travers le pouvoir d'État. Fusionnant politique et religion, ce mouvement se soulève contre les abus de pouvoir des politiques au Congo. Considérés comme une menace à la cohésion nationale, ces abus sont taxés, par celui-ci, d'œuvres des forces étrangères. Les initiatives politico-ethniques et/ou religieuses sont prônées pour y faire face.

---

[1] Smith, A., "Ideas and structure in the formation of independance ideals" in *Philosophy of Social Science*, n° 3, 1973, pp. 19-39.

Dans cette optique, au Kasaï-Occidental (centre-sud du pays), un chef coutumier, Jean-Pierre Mpandi, intronisé *Kamuina Nsapu* c'est-à-dire chef traditionnel de Bajila Kasanga, un sous-groupe ethnique Lulua, a vu son investiture rejetée par l'autorité publique. S'estimant victime d'un complot des forces d'occupation, il a prôné l'opposition au pouvoir d'État, se référant au nationalisme pour mobiliser les jeunes de sa communauté à défendre la nation. Pour lui, la police et les autres services de l'État sont à la botte d'étrangers, et auteurs d'abus de pouvoir.

Tué au cours d'une opération des forces de sécurité, ce *Kamuina Nsapu* incarne depuis lors un mouvement nationaliste de libération de type tribal. Animé par les jeunes de sa communauté (Lulua, Luba,...), le mouvement *Kamuina Nsapu* s'est étendu au Kasaï jusqu'à embraser d'autres provinces limitrophes. L'objet de la lutte n'est plus seulement le respect du pouvoir traditionnel mais aussi la défense du sol congolais menacé par des mercenaires étrangers. Pour cela, le renversement du régime en place de J. Kabila, qualifié d'occupation, semble un impératif. Nous y reviendrons.

1.3.1. *Bundu dia Kongo* (BDK) ou le réveil nationaliste Kongo

Bundu dia Kongo (BDK), mouvement religieux néo-traditionnel, prend sa source dans le messianisme Kongo contre l'envahisseur étranger. Les icônes emblématiques vénérées sont notamment Kimpa Vita ou Doña Béatrice, qui aurait été investie vers 1704 de la mission divine de libérer le royaume Kongo de l'occupation portugaise d'alors. De même, Simon Kimbangu est invoqué car il aurait été, dans son village de Nkamba, mandaté en avril 1921 de la mission divine de libérer les Congolais de la domination coloniale belge. Kimbangu fut arrêté en octobre 1921 et condamné à mort, peine commuée en réclusion à perpétuité ; déporté au Katanga, il mourut en prison à Élisabethville en octobre 1951. Depuis, le kimbanguisme (doctrine chrétienne de Kimbangu) inspire plusieurs mouvements syncrétiques tel celui des « Ngounza/Nguza ». Ceux-ci sont des personnalités religieuses investies du pouvoir d'entrer en contact avec les mânes des ancêtres de qui elles obtiennent des révélations en faveur des vivants, du peuple.

Dans le même ordre d'idées, BDK s'appuie sur ce culte des ancêtres et rejette les croyances étrangères particulièrement chrétiennes. Se déclarant « union mystique Kongo », ce mouvement veut unir par la religion les ressortissants des groupes ethniques baKongo afin de les mener à renouer le contact avec leurs ancêtres.

C'est de cette façon qu'ils retrouveront, estime-t-il, les valeurs culturelles autochtones oubliées suite à la colonisation. Outre la religion, l'unité des baKongo se fonde aussi sur la langue kiKongo vulgarisée autrefois par leur association, l'ABAKO.

Bundu dia Kongo se définit donc comme un mouvement de libération spirituelle et politique du peuple, d'abord Kongo et ensuite congolais en général. Les autres peuples Bantu du Congo sont conviés à se former aux modalités de découverte des sources ancestrales auprès des baKongo. Pour s'ancrer dans ses racines congolaises, BDK prône la résurgence du royaume Kongo en Afrique centrale. Et son chef Ne Muanda Nsemi se dit envoyé de Dieu en charge de cette restauration de la nation Kongo dia Ntotila, jadis, une grande confédération ethnique dans le golfe de Guinée.

C'est en juillet 1969 que Zacharie Badiengila, alias Ne Muanda Nsemi, annonce avoir reçu la révélation de ramener le peuple Kongo dans sa culture et sa spiritualité originelles. Il estime qu'il revient à ce peuple d'aider les autres Congolais à renouer avec leurs racines. Depuis lors Badiengila se nomme Ne Muanda Nsemi Makandala, c'est-à-dire la réincarnation de Mavuemba Nkosi, un être spirituel Kongo symbolisé par le lion. En janvier 1986, il décide de fonder *Bundu dia Kongo* à Kinshasa. Cette secte s'est vite répandue au Congo-Brazzaville en novembre 1994, puis en Angola.

Dans son organisation, *Bundu dia Kongo* est dirigé par son fondateur Ne Muanda Nsemi, dit *Nlongi a Kongo* (Grand-maître) et coordonnateur des activités (*nkwa*). Il est à la fois chef spirituel et politique de l'État Kongo à restaurer. Dans les trois pays où il est opérationnel, BDK dispose de coordonnateurs de sections locales (*mazikua*). Appelés *Mfumu a mazikua*, ceux-ci sont membres d'un corps sacerdotal (*kilongo kiazikua*) composé de :
- deux prêtres (*Nganga kiazikua*) chargés d'adresser des prières aux mânes des ancêtres en faveur des adeptes (*makesa*) et du peuple baKongo et congolais ;
- deux directeurs (*Mayala mazikua*) chargés de gérer localement la section ;
- des chantres.

Bundu dia Kongo est monothéiste par sa croyance en un seul Dieu (*Nzambi a Mpungu*) omniscient (*ne Mbumba*), omnipotent (*ne Mpungu Tulendo*) et omniprésent (*ne Kongo Kalunga wa lungila mu babo biabo*). Mais ce Dieu unique de BDK s'incarne à travers cinq archanges selon les races. Ainsi, la peau rouge dont Krishna est le sauveur a pour archange Manitu (!) ; la peau jaune avec Bouddha pour sauveur a pour archange Shu (!) ; la peau blanche qui reconnaît Jésus Christ pour sauveur a Yahvé pour archange (!) ; la peau hybride ou arabe dont Mohammed ou Mahomet est le sauveur a Allah pour archange (!) ; et enfin la peau noire dont Simon Kimbangu est le sauveur a Muanda Kongo pour archange, duquel Ne Muanda Nsemi est le messager du moment (*Nkwa Tulendo*).

Tout autant qu'il est monothéiste, *Bundu dia Kongo* croit à :
* l'immortalité de l'âme (*muntu kawu fua kako*) ;
* la primauté du spirituel sur le temporel ou du sacré sur le profane ;
* la relation entre les vivants et les morts.

Chez les morts, cette secte fait une distinction entre les esprits bienveillants (qui assurent la protection des vivants), les esprits malveillants (qui assurent la concrétisation des mauvais sorts) et les esprits supérieurs des ancêtres (qui assurent la libération de toute domination). Le contact avec cette dernière catégorie d'esprits est essentiel dans la lutte du peuple pour bouter dehors les envahisseurs étrangers. Dans ses rites, *Bundu dia Kongo* poursuit la connexion avec ces esprits (le monde invisible) par la transe, le claquement des mains (trois fois) et la parole initiée. Les rites se font pieds nus pour faciliter le contact avec la nature (le sol, l'eau, la lune), où résident les mânes des ancêtres.

Au plan politique, BDK veut construire les États-Unis d'Afrique centrale par l'abolition des frontières issues de la colonisation. Pour lui, le royaume Kongo de jadis se composait des territoires du Congo démocratique (Kinshasa), du Congo-Brazzaville, et d'une partie de l'Angola et du Gabon. Ce vaste royaume, dont l'unité tenait par la langue kiKongo et l'héritage spirituel des ancêtres, fonctionnait en confédération des ethnies et lignées (Mvila ou Luvila). Il est donc favorable à une expansion de l'État congolais sur ses voisins de l'ouest et du sud-ouest.

À travers ce modèle de gouvernement, des liens peuvent être établis entre les vivants et les morts ; ce qui permet d'identifier et de s'identifier à l'ancêtre commun. Par les ethnies (Mvila ou Luvila), BDK prône une citoyenneté indissoluble puisqu'ancrée dans les aïeux ethniques, ainsi qu'une forte conscience identitaire de chacun. Ainsi, Ne Muanda Nsemi souligne que : « Tout peuple coupé de sa langue, de sa tradition, de son passé, de son génie, de ses ancêtres est semblable à un arbre déraciné. Tôt ou tard, ce peuple fanera et sombrera dans le vide qui facilite toutes les dominations »[1].

Connu depuis le régime de Mobutu pour son discours ultranationaliste et xénophobe, BDK est devenu, avec la démocratisation, une organisation politico-religieuse de libération de toute influence ou occupation étrangère du sol congolais. Les régimes politiques successifs (Mobutu puis les Kabila), dont la légitimité se fonde sur un fort soutien externe, sont menacés de renversement dans le discours de BDK.

Pour atténuer cette opposition, Ne Muanda Nsemi fut associé un temps à l'exercice du pouvoir à travers quelques alliances politiques avec son mouvement (le cartel Union pour la Nation de J.P. Bemba par exemple). Il a été élu député national (2006-2011, 2011-2016). Mais après le rejet de sa candidature en qualité de vice-gouverneur du Bas-Congo, son mouvement a contesté avec violence le régime en place ; la répression qui s'est ensuivie en 2007 fit un massacre de ses adeptes à Matadi, à Boma, à Luozi, à Muanda…

Radicalisé et prônant une résistance populaire aux envahisseurs, BDK a engendré en mars 2009 une branche politique dénommée « *Bundu dia Mayala* » (BDM). Si BDK est une union mystique ou spirituelle du peuple Kongo, BDM assure son unité politique ou matérielle. Il se dit être un parti panafricaniste qui prône le retour aux sources ancestrales pour chaque peuple. Par Mayala qui serait l'ancêtre des baKongo, BDM prône le communautarisme africain et rejette les idéologies étrangères pour redonner à l'Africain sa fierté.

La tendance contestataire de ce parti a entraîné les adeptes de BDK ou BDM à des insurrections fréquentes et répétitives qui débouchent chaque fois sur des arrestations et des emprisonnements, notamment du leader Ne Muanda Nsemi. Durant ces insurrections, les fanatiques ont pour armes favorites des lance-pierres avec pour munitions des noix de palme, qui au plan mystique se transforment, prétendent-ils, en obus et balles réelles. Les initiatives de ce mouvement semblent redoutées par l'autorité publique, s'il faut se fier au nombre de soldats et de policiers déployés sur place pour contrer chacune de leurs manifestations. Il faut souligner aussi que l'affaiblissement de l'opposition politique congolaise par la compromission de ses élites fait glisser le soutien populaire vers de

---

[1] Kivouele, T.-S., *La quête de l'identité culturelle dans les associations religieuses d'origine congolaise : cas de Bundu dia Kongo (BDK)*, Mémoire inédit de sociologie, Université M. Ngouabi (Rép. Congo), 2007.

telles organisations messianiques. C'était pareil sous la colonisation : les populations incapables de révoquer concrètement un régime autocratique se tournent vers les imaginaires spirituels pour se remobiliser. Étiquetés envahissants, donc appuyés par l'étranger, ces régimes deviennent, en soulevant la contestation, un élément fédérateur des communautés ethniques. Ainsi, la nation se consolide aussi à travers cette contestation politique, ce qui permet à l'État d'être résilient en prenant en compte les revendications exprimées.

1.3.2. Kamuina Nsapu ou la révolution nationaliste tribale

Cette insurrection populaire née au Kasaï (centre du pays) est l'œuvre d'un chef coutumier, *Kamuina Nsapu*, qui se voulait défenseur de la nation en péril. Tout est parti des procédures de son accession au trône traditionnel conformément à la coutume locale[1], mais auxquelles n'a pas souscrit l'autorité publique. Celle-ci refusait de le reconnaître. En 2012, à quarante-six ans, Jean-Pierre Mpandi est désigné sixième *Kamuina Nsapu* (titre du chef traditionnel chez les Lulua Bajila Kasanga du territoire de Dibaya au Kasaï) à la mort de son prédécesseur, Anaclet Kabeya Mupala Ntumba[2].

Cette intronisation est intervenue juste après la réélection contestée de Joseph Kabila pour son second et dernier mandat de Président de la République. Ayant eu pour challenger Étienne Tshisekedi, J. Kabila fit face à une forte contestation notamment des ressortissants du Kasaï, la province d'origine de son challenger. Dans ce contexte, Évariste Boshab, lui aussi originaire du Kasaï, est nommé en décembre 2014 Vice-premier ministre en charge de l'Intérieur, Sécurité et Pouvoir coutumier. Pour avoir la main mise sur cette région et y atténuer la contestation, il comptait sur les chefs traditionnels pour soutenir[3] le régime, d'une part ; et pour l'aider à

---

[1] Rituel de réception de *nkuembe* ou totem du chef transmis par les ancêtres.
[2] Kabeya Mupala, colonel des Forces Armées Zaïroises sous Mobutu, est mort en qualité de chef traditionnel lors de préparatifs d'une réunion avec Boshab, alors président de l'Assemblée nationale. Cf. Extrait d'un entretien téléphonique de J.-P. Mpandi avec une délégation de députés le 11 août 2016, publié par Sonia Rolley, Radio France Internationale, juin 2017 in webdoc.rfi.fr/rdc-kasai-violences-crimes-kamuina-nsapu/ Consulté le 13 septembre 2017.
[3] Le préambule de la loi du 25 août 2015 fixant le statut des chefs coutumiers souligne parmi les objectifs poursuivis : réaffirmer l'implication du chef coutumier dans la sauvegarde de l'unité et de la cohésion nationales ; reconnaître à l'autorité coutumière le droit d'être consultée par les pouvoirs publics.

consolider la nation[1], d'autre part. En référence à Paul Brass et John Breuilly, Antoine Roger relève que dans un tel cas « l'État moderne conquiert et étend sa souveraineté territoriale en contractant des alliances avec les détenteurs des pouvoirs féodaux »[2].

C'est pourquoi, Boshab fit voter en août 2015 une loi fixant le statut des chefs coutumiers qui stipule que l'exercice des attributions de chef coutumier ou traditionnel sera désormais subordonné, entre autres, à la reconnaissance de l'investiture par l'autorité publique (le ministre de l'Intérieur ou son délégué)[3]. Dès lors, cette investiture a dépendu du positionnement politique du chef traditionnel selon qu'il était coopératif ou opposé au régime en place. Le ministre Boshab, aussi secrétaire général du parti présidentiel, le PPRD, signe alors les arrêtés d'investiture au compte-goutte en fonction des intérêts de sa famille politique. Pourtant les chefs traditionnels sont censés être apolitiques[4] ; on lui reproche de fomenter des conflits dans les entités traditionnelles en nommant des personnes non issues de lignées royales. À titre d'exemple, la désignation d'un de ses frères[5] en qualité de président de l'Association des chefs coutumiers du Kasaï-Occidental, en lieu et place du grand-chef de Lulua Bashilange, le sénateur Émery Kalamba Wafuana.

Dans cette région où l'État a semblé quasiment en faillite par la disparition de l'importante entreprise Minière de Bakwanga (MIBA), cette politisation dans l'application de la loi est perçue comme une atteinte à l'exercice du pouvoir coutumier dévolu par les ancêtres. Alors que Mobutu politisait les chefs traditionnels en les intégrant au Parti unique par des visites de courtoisie dans les entités coutumières, le régime de J. Kabila se voit reprocher de les diviser en excluant certains. Ainsi participe-t-il politiquement à la

---

[1] *Ibid.* L'art. 22 de la loi stipule : « le chef coutumier reçoit lors de son investiture un brevet, un drapeau et un insigne comportant les armoiries de la République ».
[2] Roger, A., *op. cit.*, p. 117.
[3] Art. 6 de la loi fixant le statut des chefs coutumiers d'août 2015 : « l'exercice des attributions de chef coutumier est subordonné à : – l'existence d'une entité territoriale reconnue, – la présence d'une population, – l'intronisation conformément à la coutume locale, – l'investiture et la reconnaissance par les autorités publiques compétentes ».
[4] Art. 25 alinéa 1 de la loi sur le statut des chefs coutumiers stipule : « le chef coutumier est apolitique ».
[5] Enquête de Sonia Rolley sur les troubles au Kasaï, R.F.I., juin 2017, *op. cit.*

désacralisation des chefs traditionnels, traités comme de simples fonctionnaires de l'État par le statut qui leur est attribué[1].

Tous ne l'admettent pas et tentent de résister. Dans pareil cas, d'après Antoine Roger, « les pouvoirs féodaux s'opposent à l'État au moyen d'une idéologie nationale... »[2]. C'est ce que firent certains chefs traditionnels en instiguant le sentiment nationaliste dans les milieux ruraux du Kasaï contre ce régime dans lequel ils ne se reconnaissent pas.

Ayant patienté en vain pour être investi chef traditionnel par l'autorité publique, *Kamuina Nsapu* Mpandi a haussé le ton contre le régime. Dans un document présenté par le ministre Ramazani Shadari[3], successeur de Boshab, ce chef traditionnel qualifie le gouvernement de « régime d'occupation » et plaide pour la restauration du pouvoir coutumier qui est, d'après ses propos[4], l'émanation naturelle de la nationalité congolaise. De ce fait, il appelle à la mobilisation des jeunes afin de chasser les étrangers de l'exercice du pouvoir d'État. Le nationalisme devient, pour lui, un moyen de s'opposer à la prédation de l'État grâce à une instrumentalisation des frustrations populaires.

Mettant en acte sa parole, il installe le *Tshiota*, le feu sacré autour duquel s'organise le baptême d'immunité des jeunes miliciens face aux balles, pratique similaire à celle des milices *Maï-Maï* dans l'est du pays. Le *Tshiota* est un canal indiqué de contact avec les mânes des ancêtres pour recevoir d'eux révélations et instructions. C'est aussi un lieu où se prennent les options majeures pour la survie de toute la communauté et un centre d'initiation à son mysticisme. Le baptême de *Kamuina Nsapu* consiste en l'absorption d'un breuvage dont la composition n'est connue que du seul féticheur. (Notons que cette initiation, vu l'impact des traditions et du mysticisme, a suscité l'aversion du christianisme, surtout du catholicisme : elle est dès lors perçue comme un instrument de domination et d'oppression étrangères). Une fois baptisés, les initiés ne disposent plus comme

---

[1] Art. 19 de la loi fixant le statut des chefs coutumiers d'août 2015 : « le chef coutumier a droit à une rémunération décente, aux frais de représentation et autres dus aux animateurs des entités territoriales ».

[2] Roger, A., *op. cit.*, p. 117.

[3] Réponse du ministre de l'Intérieur, Emmanuel Ramazani Shadari, à la question d'un député de Dibaya, Martin Kabuya, à l'Assemblée nationale, le 17 janvier 2017.

[4] « Kamuina Nsapu, le nouveau groupe armé qui déstabilise la RD Congo », article du 23 mai 2017 in www. France24.com/fr/20170222 consulté le 12 septembre 2017.

seules armes que de balais, bâtons et chants, puisque le combat est d'abord mystique ; néanmoins sur le terrain des opérations, ils peuvent se servir des armes abandonnées par l'ennemi (fusils et armes blanches).

Informée de cette conjuration, l'autorité publique perquisitionne le 3 avril 2016 le palais de *Kamuina Nsapu* Mpandi en son absence. Pour ce chef traditionnel, il s'agit d'un sacrilège du fait que les policiers ont violé son domicile et touché à ses symboles de pouvoir. Il réagit : « Moi, je ne suis pas un chef coutumier traître. Je ne voudrais jamais vendre la terre de nos ancêtres. Je ne voudrais pas trahir mon royaume. Je n'accepterai pas de toucher à l'argent des traîtres. Et je n'accepterai pas d'être membre de leur parti politique. Je ne m'immisce pas dans les affaires de l'État. Pourquoi sont-ils venus me provoquer ? C'est ça le problème. Ils ont touché à mes objets consacrés qui incarnent mon pouvoir. »[1] On le voit, c'est un conflit endogène, entre autorité publique et autorité traditionnelle, qui l'amène à adopter l'idéologie nationaliste violente. Chacun est tenté d'invoquer le nationalisme pour s'attirer le soutien populaire.

Suite à la perquisition, le chef lance cet appel : « À tous les jeunes, mus par une fibre révolutionnaire, de défendre le sol congolais contre la présence des mercenaires étrangers et leur gouvernement d'occupation »[2]. Le nationalisme est instigué pour résister aux abus de pouvoir de l'État. L'idéologie ultranationaliste se répand parmi les jeunes ruraux qui décident, avec la bénédiction de *Kamuina Nsapu*, de punir dès juillet 2016 un chef traditionnel voisin, Ntenda, qui avait collaboré à la perquisition. En août, ceux-ci attaquent et tuent les policiers de Mfuamba (territoire de Demba), puis ceux de Tshimbulu (territoire de Dibaya). Au cours de ces assauts, les miliciens saccagent les symboles de l'autorité publique et de l'Occident (Église, école…) jugés partenaires de l'occupant.

En réaction, un conseil provincial de sécurité présidé par le ministre de l'Intérieur Boshab ordonne le 11 août l'arrestation ou la neutralisation de *Kamuina Nsapu* Mpandi. Celui-ci est tué dans sa résidence royale le lendemain, vendredi 12 août 2016. Son corps est emporté par les forces de sécurité vers une destination inconnue, ce qui constitue, pour les tenants du pouvoir traditionnel, un sacrilège.

---

[1] Conversation téléphonique de Kamuina Nsapu avec des députés, le 11 août, la veille du jour de sa mort publiée par Sonia Rolley, *op. cit.*
[2] « Kamuina Nsapu, le nouveau groupe armé qui déstabilise la RD Congo », article du 23 mai 2017 in www. France24.com/fr/20170222 consulté le 12 septembre 2017.

L'autorité publique croyait en avoir fini avec cette insurrection paysanne, mais le mouvement prit de l'ampleur : la mort d'un chef traditionnel alluma le réveil nationaliste au Kasaï. Ainsi, les *Tshiota* avec leurs féticheurs, ont émergé ci et là pour initier les miliciens, contribuant à propager l'insurrection. Avec le soutien d'autres chefs traditionnels, victimes eux aussi d'abus de pouvoir d'État ou de la mauvaise gestion des entités coutumières par l'autorité publique, le Kasaï s'est embrasé jusqu'à la frontière avec l'Angola, qui a vu déferler des milliers des réfugiés dans sa province de Lunda Norte. Le président J. Kabila a reconnu cette gestion calamiteuse de l'affaire *Kamuina Nsapu* à travers cette déclaration : « Toutes les erreurs commises dans la gestion du pouvoir coutumier doivent être corrigées par le gouvernement en vue d'éviter que ce qui s'est produit au Kasaï ne puisse se répéter »[1].

La répression par des soldats essentiellement d'origine *banyaRwanda* a stimulé cette insurrection : ils sont perçus comme armée d'occupation, dénoncée par *Kamuina Nsapu* avant sa mort. En réaction, une « armée populaire » de jeunes âgés de quinze à trente ans s'est levée contre l'autorité d'État et ses symboles (édifices, policiers, militaires, prisons, chefs traditionnels collaborateurs…). Souvent le jeudi et le vendredi, jour du décès de *Kamuina Nsapu*, ces miliciens attaquent, pour le commémorer, les positions des forces de sécurité.

Ce nationalisme issu d'une révolte tribale s'exprime par la violence pour contester une autorité publique incapable de satisfaire les besoins essentiels de sa population (la sécurité, le bien-être…). La pauvreté ambiante au Kasaï paraît un vent qui attise le feu insurrectionnel nationaliste. La disparition de la Minière de Bakwanga et l'expropriation, sans compensation, des mines artisanales de diamant concédées comme carrés miniers aux courtisans politiques (et étrangers) du Président à partir de la capitale ont accru la pauvreté, l'exode rural et la frustration de cette communauté ethnique. Les mineurs artisanaux et les paysans devenus aigris expriment désormais leurs frustrations par la violence dite « *Kamuina Nsapu* ».

À cette gestion publique calamiteuse des ressources naturelles s'ajoute l'illégitimité de l'autorité politique déjà hors-mandat. En effet, durant cette période, toutes les institutions à mandats électifs

---

[1] Extrait du discours de J. Kabila du 19 septembre 2017 à l'ouverture de la Conférence sur la paix, la réconciliation et le développement au Kasaï in www.radiookapi.net.

ont épuisé leurs échéances et sont devenues illégitimes. Faute d'élections, les députés nationaux (depuis février 2017), les députés provinciaux (depuis décembre 2012), les sénateurs (depuis décembre 2012) ainsi que le Président de la République (depuis décembre 2016) continuent d'exercer les pouvoirs que le peuple ne leur reconnaît plus.

L'adhésion populaire à cette insurrection au Kasaï est aussi une manière d'exprimer ce rejet. Ce ras-le-bol se remarque encore par le refus de commerçants de payer les taxes, se déclarant « de *Kamuina Nsapu* ». De même, pour échapper aux tracasseries policières, des jeunes surgissent parfois avec un bandeau rouge à la tête, emblème de la révolte *Kamuina Nsapu*, pour faire sauter les barricades improvisées des policiers ; ceux-ci détalent généralement à la vue de ceux qui arborent ce bandeau rouge. Il faut souligner en outre qu'au départ, les miliciens étaient bien accueillis par les villageois qui se reconnaissaient dans leur révolte, mais ensuite une méfiance s'est créée lorsque ces mêmes villageois leur ont reproché d'attirer contre eux le courroux des militaires ou des forces de sécurité.

Bref, le terme *Kamuina Nsapu* semble une manière d'exprimer un ras-le-bol envers l'autorité publique honnie et qu'on ne veut plus voir gouverner. Ce rejet collectif semble un élément de cohésion sur lequel se conforte le sentiment national, afin de changer et améliorer les conditions de vie communautaire et le mode de gestion de l'État.

L'autorité publique, pour anéantir cette insurrection, l'a en fait entretenue par sa stratégie de « le feu arrête le feu ». Cette stratégie a consisté à susciter, par le biais des leaders politiques, des milices tribales qui agissent contre les miliciens *Kamuina Nsapu* ou encore de faux miliciens (notamment la milice de *Bana Mura*) pour décrédibiliser la révolte *Kamuina Nsapu* auprès de la population par leurs excès de brutalité. Ainsi, pour dévier l'insurrection de sa nature politique et en faire une affaire ethnique, dans la ville de Tshikapa, les jeunes Pende et Tshokwe furent organisés en milices de défense ethnique et mobilisés contre l'insurrection *Kamuina Nsapu* qualifiée d'affaire des Lulua et Luba voulant dominer les autres communautés du Kasaï. Toutefois, tant les pro- que les anti-régime recourent à la même approche de mobilisation : le credo nationaliste. En voulant préserver l'État, ils confortent le sentiment national, ce qui incite au dialogue afin d'apaiser les tensions (cas de la Conférence sur la paix au Grand Kasaï, septembre 2017). C'est par de telles négociations, comme nous le verrons dans la section suivante, que la résilience de l'État se renforce au moyen de réformes qui prennent en compte les plaintes formulées par les uns et les autres.

2. LA GESTION POLITIQUE DES APPARTENANCES IDENTITAIRES

Dans le jeu politique congolais, les identités singulières des groupes sont souvent instrumentalisées pour atteindre des buts spécifiques : la conquête, l'exercice ou la conservation du pouvoir. Dans cette instrumentalisation, les en-bas-du-bas négocient aussi leurs soutiens aux politiques en vue d'accéder aux privilèges et ressources de l'État, dont ils sont privés.

C'est à travers la « représentation politique » que les uns et les autres opèrent pour trouver leur compte. Ce premier aspect permet de cerner l'une des modalités par lesquelles se réalise l'inhibition des tensions menaçant la survie de l'État en R.D. Congo.

Un second aspect est que la diaspora participe à cette survie à travers ses ressources financières et autres, rapatriées au pays sous diverses formes (assistance familiale, crédit à l'investissement, aide médicale…). Celles-ci diluent l'impact de la pauvreté susceptible de faire imploser l'État par une révolte, cette fois-ci, des démunis. En supportant une part des charges pouvant saturer les structures publiques et occasionner leur effondrement, la diaspora supplée en partie l'État et lui confère une certaine capacité de résilience. Par cette modalité, la société nationale allège la pression sur le système étatique et lui permet de s'adapter aux crises multiformes et répétitives dans son environnement.

2.1. LA REPRÉSENTATION POLITIQUE ET SES IMAGINAIRES

Dans ce cadre, l'État congolais tient sa résilience de l'impact de la représentation politique au sein de la société. Cette représentation incarne une double attribution : politique et communautaire (ethnique). Par elle, se crée une communalisation des intérêts qui fait que les personnes et les regroupements croient appartenir à un même ensemble ou une même nation. Les retombées politiques de la représentation construisent et confortent la cohésion nationale, puisque celle-ci s'appuie sur la représentativité des groupes dans les institutions étatiques.

Si pour certains théoriciens[1], tels que Benjamin Constant ou Emmanuel Sieyès, la représentation consiste en une délégation de pouvoir ou dans le fait de se défausser sur quelques-uns des rôles de décision, que tout le monde ne sait pas assumer par manque de qualifications et de temps ; pour d'autres[2], elle s'effectue en croisant la nationalité fondée sur la diversité de la société et la citoyenneté bâtie sur l'égalité de traitement et de condition entre les membres de l'État. À cet effet, la similitude ou la ressemblance entre le représentant et le représenté à travers la nationalité construit l'imaginaire d'appartenir à un même ensemble, en dépit des différences de sexe, de religion, de race ou d'ethnie. De même, l'égalité requise par la citoyenneté confère des droits qui permettent au représenté de s'opposer au représentant lorsque celui-ci agit à l'encontre de ses intérêts. La représentativité et l'égalité renforcent donc l'identification au groupe.

Le fait de croiser les éléments d'appartenance (identités) et ceux de la citoyenneté (droits et obligations) transforme la sphère étatique en lieu d'inhibition des contradictions. Dans ce cas, les conflits ne mènent pas à l'implosion mais aux négociations, lesquelles ouvrent la voie aux réformes qui adaptent les institutions aux desiderata de la société. Ce modèle fonctionnel de l'État justifie la survie du Congo malgré diverses crises qui l'ont frappé et qui n'ont pu l'effondrer totalement ou définitivement. Il est à la base de Tables rondes, Dialogues, Concertations, Conclaves, Conférences... qui jalonnent le parcours de ses républiques successives (1re, 2e et 3e sans oublier la Transition). Ces rencontres ont toutes abouti aux réaménagements institutionnels (surtout de gouvernement) et fonctionnels de l'État pour intégrer le plus grand nombre dans l'exercice du pouvoir.

Relevons à titre d'exemple ces quelques cas de la Première République et de la Transition politique.

Sous la Première République (1960-1965), il y eut des rencontres de négociations politiques[3] pour résorber les crises qui menaçaient la

---

[1] Pasquino, P., « Emmanuel Sieyès, Benjamin Constant et le gouvernement des modernes : contribution à l'histoire du concept de représentation politique » in *Revue française de Science politique*, 37e année, n 2, 1987.

[2] Simon, P. et Escafré-Dublet, A., « Représenter la diversité en politique : une reformulation de la dialectique de la différence et de l'égalité par la doxa républicaine » in *Raisons politiques*, n° 35, mars 2009.

[3] Table ronde de Léopoldville en janvier-février 1961, Conférence de Tananarive en mars 1961, Conférence de Coquilhatville en avril-mai 1961

survie de l'État. Elles ont, toutes, permis la mise sur pied des équipes gouvernementales (Ileo, Adoula, Tshombe) dans lesquelles les représentations politiques étaient ethniquement significatives. Ce modèle est reproduit durant la période de Transition (1990-1997 puis 2003-2006) à travers des négociations politiques[1] similaires qui ont encore donné lieu à une dizaine d'équipes gouvernementales.

À ce propos, le Dialogue inter-Congolais mérite d'être épinglé pour l'originalité de ses résolutions contenues dans l'« Accord global et inclusif »[2]. Il a partagé presque toutes les institutions de l'État (Président avec quatre vice-présidents, gouvernement, parlement bicaméral, armée, structures d'appui à la démocratie,...) en tenant compte des regroupements politiques, des communautés ethniques et des aires culturelles.

Dans cette optique, doter un groupe d'une représentation politique semble une garantie de sauvegarde de ses intérêts dans le sillage de l'État. Cette illusion fait croire aux représentés qu'ils sont dans les institutions et exercent, tout autant que le représentant, une portion du pouvoir d'État. Toutefois si la représentation politique construit des croyances qui confortent l'intégration nationale, elle offre aussi aux représentés des canaux et capacités d'action dans les rouages de l'État. C'est le sens de l'adage liNgala : *Bokonzi na biso* (Notre pouvoir) : il signifie que l'on se reconnaît dans les institutions à travers ses élus et on se sent y appartenir mais à condition que ces représentants permettent que l'on en tire profit.

La représentativité qui exige un fort degré de ressemblance entre le représentant et le représenté fait de l'identité[3] un élément du jeu politique. Si pour certains, comme Hanna Pitkin[4], la défense des intérêts des représentés (la dimension substantielle) est la meilleure manière d'assurer leur représentation au sein de la société américaine ; en ce qui concerne la société congolaise, c'est la

---

et Conclave de Lovanium en juillet-août 1961. Lire Aundu Matsanza, *Politique et élites...*, *op. cit.*, pp. 89-94.

[1] *Ibid.*, pp. 208-225 : Palais de Marbre I et II, N'sele I et II, Conclave du Palais de la nation, Concertations du Palais du peuple, Conférence Nationale Souveraine et plus tard Dialogue inter-Congolais.

[2] Bouvier, P., *Le Dialogue inter-Congolais, anatomie d'une négociation à la lisière du chaos : contribution à la théorie de négociation*, Paris, L'Harmattan, 2004.

[3] Fraysse, B., « La saisie des représentations pour comprendre la construction des identités » in *Revue des Sciences de l'Éducation*, vol. XXVI n° 3, 2000.

[4] Pitkin, H., *The conception of representation*, Los Angeles, University Press, 1967.

similitude des caractéristiques (dimension descriptive) et le partage de croyances, symboles et traditions (la dimension symbolique) qui garantissent une vraie représentation politique. Ces deux dimensions participent à la construction des imaginaires ou des illusions, qui intègrent et confèrent des références d'appartenance commune. Le partage de certaines caractéristiques souvent d'ordre ethnique (langue, culture, histoire…) et de la foi aux mêmes symboles liés à la tradition (icônes mythiques ou charismatiques, significations gestuelles ou de noms, figures ancestrales…) font du représentant politique un miroir[1] de sa communauté, à travers lequel celle-ci s'identifie, se reflète et se reconnaît dans l'État-nation.

C'est pourquoi au Congo, l'identité ethnique est un déterminant de la représentation politique, voire de la légitimation des institutions que dirigent les représentants. La loi électorale[2] en tient compte lorsqu'elle exige tant de l'électeur que du candidat notamment la preuve de leur nationalité congolaise. Car cette nationalité se définit par les ethnies constitutives de l'État.

La loi stipule : « Est Congolais, toute personne appartenant aux groupes ethniques et nationalités dont les personnes et le territoire constituaient ce qui est devenu le Congo à l'indépendance »[3]. Ce soubassement fondamentalement ethnique en fait un critère de représentativité politique. L'origine ethnique est centrale pour l'identification de l'électeur à son candidat. La recherche de la ressemblance met, à cet effet, l'autochtonie au centre du débat électoral et politique.

Ainsi, la formation des équipes gouvernementales et la gestion des enjeux politiques tiennent compte de ces identités pour un meilleur équilibre ethnico-politique dans l'État. Ce paramètre fait de la diversité de la société un outil d'unification plutôt que de désagrégation. À travers cette modalité, les communautés croient préserver leurs intérêts par la présence des leurs dans les instances de décision. Les différences ethniques se transforment alors en facteur de participation politique. Prise en compte dans le partage du

---

[1] Fassin, E., « Les couleurs de la représentation : introduction » in *Revue Française de Science Politique*, vol. 60, avril 2010.
[2] Art. 5 et 9 de la Loi n° 11/003 du 25 juin 2011, modifiant la loi n° 06/006 du 9 mars 2006 portant organisation des élections présidentielle, législatives, provinciales, urbaines, municipales et locales.
[3] Art. 6 de la Loi n° 04/024 du 12 novembre 2004 relative à la nationalité congolaise.

pouvoir, elles contribuent à l'apaisement des tensions dans les relations intercommunautaires et à l'intégration nationale.

À ce propos, épinglons uniquement le casse-tête lorsqu'il faut former un gouvernement représentatif au Congo. Il consiste à croiser les identités ethniques et politiques ou partisanes avec la démographie des entités territoriales. De cette façon, une certaine représentativité de chaque groupe est assurée dans les institutions. Qu'il s'agisse de Lumumba, Mobutu ou des Kabila, tous furent confrontés à cette difficulté. La solution trouvée depuis lors est celle qui fait de la province ou de l'aire linguistique d'appartenance un élément de cette représentativité. Un tel ensemble incarne donc autrement l'identité ethnico-politique : les groupes ethniques y sont brassés pour en tirer une nouvelle identité, dite super-ethnique. À cette manière de construire la représentativité ethnique est associée localement l'identité politique des partis populaires. Le nombre des représentants est déterminé par la démographie du lieu (ou des enrôlés). Ainsi sont croisés les critères démographique, géographique, psychosociologique et politique pour dégager la meilleure représentation politique des entités territoriales.

Face à ce casse-tête, le formateur du gouvernement use, au plan psychosociologique, tantôt uniquement de l'origine ethnique ou linguistique, tantôt il associe la notoriété nationale et/ou locale du leadership politique. Négliger cet aspect, c'est créer des tensions, des conflits susceptibles de compromettre la stabilité gouvernementale et l'unité nationale. Cette dimension symbolique de la représentation à travers les personnalités ethno-politiques marquantes est essentielle à l'unité nationale au Congo. Ces leaders sont souvent incontournables pour la pacification des relations et la résolution des problèmes si l'issue proposée requiert une forte adhésion populaire.

En 1960, Lumumba, en laissant hors de son gouvernement les leaders les plus notoires des communautés du Kasaï (Albert Kalonji) et du Katanga (Moïse Tshombe), a rendu impopulaire et instable son équipe dans ces régions, pourtant représentées par d'autres individus moins connus. C'est une des raisons[1] de la sécession du Katanga et de l'autonomie du Sud-Kasaï pour rejeter un gouvernement central : ces communautés ne s'y sentaient pas suffisamment représentées.

---

[1] Aundu Matsanza, G., *Politique et élites...*, *op. cit.*, pp. 68-75.

Il a été reproché[1] à Lumumba de n'avoir pas pris en considération les leaders-miroir auxquels elles s'identifient.

Cette réaction, à l'origine de conflits sanglants, fut reproduite en 1998 et 1999 lorsqu'ont éclaté les rébellions[2] du RCD et du MLC contre le régime de L.D. Kabila. Il lui était reproché notamment, outre sa dictature, une quasi-absence dans ses équipes gouvernementales successives de représentants-miroir de certaines provinces (Équateur, Kasaï...) et de regroupements politiques (opposition non-armée, *mobutistes*). Pour le contraindre à en tenir compte, la lutte armée et la contestation politique furent déclenchées, jusqu'à déboucher dans le Dialogue inter-Congolais.

À la suite de celui-ci, nous l'avons vu, les institutions étatiques (gouvernement, parlement, armée...) sont réformées pour s'adapter à la volonté de la société et intégrer tout le monde. Comme sous la Première République (1960-1965) qui avait connu un éclatement du monopole étatique entre les belligérants dont chacun contrôlait une portion du territoire national, les rébellions du RCD et MLC (1998-2003) ont soutenu ces revendications. Et des négociations politiques ont permis à l'État, à travers les représentants politiques et ethniques, d'acquérir une certaine résilience en inhibant ou diluant les contradictions qui menaçaient son existence.

Les illusions de la représentation de groupes au sein des institutions de l'État font croire que le « frère », soit-il d'ethnie ou de province, est une source sûre de profit pour toute la communauté. Par cette perception, la lutte de représentativité au sein des institutions est aussi celle de l'appropriation de l'État, tant au sens propre que figuré. C'est pour cela que le tribalisme (ethnisme) est souvent utilisé comme un moyen pour y arriver.

De ce fait, quand le dirigeant en use pour conforter sa notoriété et sa légitimité, qui se répercute d'ailleurs sur l'institution dont il a la charge, les en-bas-du-bas de la société y recourent aussi pour pousser ce dirigeant à les laisser profiter[3] aussi de l'État. L'ethnicité devient ainsi un outil pour tout un chacun d'atteindre son but.

Assurant la redistribution du profit par la privatisation ou la patrimonialisation de l'État, l'ethnicité impose une certaine paix

---

[1] Kasonga Ndunga Mule, B., *La vérité sur le Sud-Kasaï, entretiens avec Albert Kalonji Ditunga Mulopwe*, Bruxelles, Le Kasaï, 2002.
[2] Aundu Matsanza, G., *op. cit.*, pp. 229-234.
[3] Lire Aundu Matsanza, G., *État et partis au Congo-Kinshasa, op. cit.* ainsi que Aundu Matsanza, G., *L'État au monopole éclaté, op. cit.*

sociale aux groupes au sein de la nation. Grâce à cette forme de partage, les tensions sont inhibées puisque chaque groupe est censé être servi par ses représentants au sein des institutions. Trouvant ainsi leur compte, les communautés propriétaires ou profiteuses des institutions militent en conséquence pour leur survie, c'est-à-dire celle de l'État dont elles jouissent.

De cette manière, les références identitaires (ethniques) exploitées à des fins politiques construisent les illusions politiques («Notre pouvoir par la représentation politique») lesquelles, en retour, confortent les imaginaires nationaux («Notre pays par la représentativité des institutions»). En effet, puisque les communautés sont représentées dans les institutions, elles s'imaginent aussi être un même peuple puisque vivant dans un même territoire d'État. Elles adoptent et partagent alors les références de l'État brandies comme identification commune de leur nation.

Il faut noter que cet imaginaire est un couteau à double tranchant. En effet, dès que ces groupes s'estiment moins bien représentés au sein des institutions, leurs identités singulières peuvent se transformer en armes de destruction massive de la cohésion nationale. Du fait que les identités ethniques sont collées aux territoires, l'unité de l'État (la nation) est un patrimoine fragile qui exige des soins permanents. La formalisation de certaines procédures (référendum, diversité ou quota paritaire dans les institutions), consacrée dans la Constitution et par les pratiques politiques, est une parade utile à la pérennisation de la nation face à l'attrait du séparatisme ou des forces centrifuges.

La double appartenance des citoyens, à la fois congolais (nation) et attachés à leur origine ethnique (baLuba, baNgala, baKongo,...), renforce la nation si ces identités ethniques sont politiquement bien gérées. C'est pourquoi, si la manipulation de la double appartenance peut déboucher sur des violences, elle peut aussi participer à l'apaisement, surtout lorsque les identités ethniques sont intégrées dans les institutions en tant que « structures dissipatives »[1] telles que décrites par Ilya Prigogine. Dès lors, ces institutions acquièrent, au travers de la permanence des négociations, des capacités d'inhibition des tensions dont elles ne disposaient pas avant.

---

[1] Stengers, I., « Structure dissipative » in *Encyclopédie universelle* [en ligne], consulté le 12 décembre 2016], http://www.universalis.fr/encyclopedie/structure dissipative/

L'instrumentalisation de l'ethnicité à travers la représentation politique a conféré à l'État congolais des capacités de résilience ou d'adaptation dont il ne disposait pas durant son état initial (colonial) quand le modèle occidental se trouvait transféré en Afrique.

2.2. LA DIASPORA ET SES INTERVENTIONS DANS LA RÉSILIENCE DE L'ÉTAT

Du grec *speiro* (semer) auquel est collé le préfixe *dia* (au-delà), le terme diaspora se réfère à la migration par le fait qu'une partie du peuple est « semé ou installé au-delà » de sa source ou terre d'origine. Si auparavant ce terme se rapportait principalement aux pérégrinations du peuple juif hors de Palestine, depuis peu il a acquis un sens large. Pour Chantal Bordes-Benayoun et Dominique Schnapper[1], il s'applique à toutes les populations déplacées hors de leur terre d'origine, et connues sous diverses appellations : expulsés, expatriés, exilés, réfugiés, immigrés, minorités, migrants...

Toutefois, pour être une diaspora, ces populations doivent encore avoir certaines caractéristiques. Gabriel Sheffer[2] propose trois critères : le maintien d'une identité collective, une organisation interne et des liens avec la terre d'origine. Et William Safran[3] d'y ajouter : la dispersion par rapport au centre originel, le maintien d'une mémoire de la terre d'origine, le projet d'un probable retour et l'engagement à restaurer ou maintenir la terre d'origine. Tous ces critères soulignent et vulgarisent une seule valeur : la solidarité envers la terre ou le pays d'origine.

Généralement dans la diaspora, la diversité (ethnique ou raciale) du lieu d'origine s'estompe par le sort commun en terre d'accueil. Les persécutions, les discriminations liées aux origines ainsi que la concurrence avec d'autres diasporas poussent à l'unification des groupes diasporiques. L'identité commune ou nationale d'origine est renforcée dans ce cas par le vécu, d'autant plus que d'autres diasporas la rappellent dans les interactions (« Vous les Congolais », par exemple) ; dès lors, pour faire bloc face aux autres, la

---

[1] Bordes-Benayoun, Ch. et Schnapper, D., *Diasporas et nations*, Paris, Odile Jacob, 2006, p. 11.
[2] Anteby-Yemini, L., Berthomière, W. et Sheffer, G. (sous la dir.), *Les diasporas, 2000 ans d'histoire*, Rennes, Presses universitaires de Rennes, 2005, p. 10.
[3] *Ibid.*, p. 11.

communauté estompe en son sein les différences d'ordre ethnique d'origine.

L'émigration des Congolais par vagues successives est liée aux conjonctures politiques et/ou économiques. Si les étudiants sont parmi les premiers, car quelques-uns ont été à l'étranger déjà sous la colonisation, ils ne rentrent pas tous au pays à cause des conjonctures évoquées. Les rébellions, les crises économiques, les guerres et les répressions politiques ont ouvert les vannes de l'émigration à toutes les catégories sociales congolaises : 1960-1965, 1973-1983, 1990-1997 et 1998-2003. Lorsque les troubles politiques de la Première République (1960-1965) ont poussé les migrants congolais surtout vers les États voisins d'Afrique, la répression politique de la Deuxième République durant les décennies 1970 et 1980 dominées par le Parti unique les a menés principalement vers l'Europe (Belgique, France, Suisse, Allemagne, Grande-Bretagne...) et l'Amérique (États-Unis, Canada). Les troubles de la décennie 1990 sous la Transition politique, conjugués avec l'effondrement économique dû aux pillages des infrastructures (1991, 1993, 1996-1997), ont ouvert la voie à leur tour, outre l'Occident traditionnel, vers l'Afrique australe, principalement l'Afrique du Sud. La guerre et la contestation du régime des Kabila durant la décennie 2000 ont amplifié encore cette émigration, cette fois-ci vers le monde entier, y compris l'Asie, l'Amérique latine et l'Océanie (Chine, Inde, Dubaï, Brésil, Australie...).

Tout en étant dispersées, ces communautés de la diaspora congolaise maintiennent des liens forts avec le pays d'origine, elles en conservent les souvenirs et entretiennent la culture. Des échanges réels y existent : le commerce attesté par les produits vendus, notamment au quartier Matonge de Bruxelles, la musique à travers les artistes invités et leurs albums, la religion par les Églises de réveil spirituel selon le rite congolais... Il existe encore d'autres liens avec la terre d'origine, notamment virtuels par les nouvelles technologies de l'information et de la communication (téléphonie mobile, média en ligne, internet...).

Ces canaux favorisent aussi la participation politique de cette diaspora qui, de plus en plus, s'implique directement dans le débat et tient à exprimer ses positions. Ce mode de participation politique a fait émerger un mouvement de contestation dit « des Combattants[1] ». Il s'agit de groupes de pression créés au sein de la

---

[1] Aundu Matsanza, G., *Politique et élites...*, *op cit.*, pp. 277-284.

diaspora en tant que contre-pouvoir du régime en place au Congo. Ces combattants gênent les déplacements à l'étranger des dirigeants congolais en visite dans le pays d'accueil, et mobilisent l'opinion publique occidentale contre leurs appuis, surtout européens. Ces actions sont motivées par leur espoir de rentrer un jour au pays d'origine dès que les conditions matérielles et politiques (démocratie) seront réunies.

Refusant de se déconnecter de ses origines, cette diaspora entretient la culture congolaise en promouvant en son sein la langue, surtout le liNgala, un des éléments d'identité congolaise. Apprise aux enfants, cette langue est renforcée par son usage sur les supports et médias en ligne (musique, pièces de théâtre, émissions-*web*,...) et constitue désormais une preuve de la « *Congolité* ». C'est pourquoi la diaspora en fait systématiquement usage lors de manifestations politiques ou publiques dans les pays d'accueil. À titre d'exemple, les manifestants de la diaspora congolaise contre le président J. Kabila lors de la 72e session de l'Assemblée générale des Nations unies à New York en septembre 2017 ont recouru au liNgala afin de débusquer des infiltrés afro-américains, ouest-africains... stipendiés pour les contrer en criant et acclamant le nom de J. Kabila.

La mobilisation de cette diaspora lors des élections, troubles violents ou catastrophes humanitaires maintient les liens avec la terre d'origine. Compte tenu du devoir de solidarité, cette diaspora intervient de diverses manières pour soulager, tant soit peu, la misère des « frères » au pays. Nombre de leurs associations en Belgique, Grande-Bretagne, France... collectent des fonds et/ou objets pour les assister. Ce fut le cas lors de l'éruption volcanique du Nyiragongo à Goma au Nord-Kivu en mai 2002.

Ce devoir moral motive également les Congolais de l'étranger à transférer des fonds vers leurs propres familles. Selon l'Organisation internationale pour les Migrations (OIM)[1], ces fonds représentent, pour beaucoup de ménages au Congo, 80 à 100 % de leurs revenus. Ils assurent, selon les cas, l'acquisition d'une propriété ou la construction d'une maison, la scolarisation d'enfants, les soins de santé, l'assistance lors d'événements ponctuels (mariage, deuil, baptême...), l'investissement microéconomique (petit commerce ou PME) ou encore la consommation quotidienne (habillement, alimentation, équipement électroménager).

---

[1] OIM, *Les transferts de fonds par les migrants originaires de la région des Grands Lacs*, Leuven, Hiva-KUL, mars 2006.

D'après l'OIM[1] s'appuyant sur les données de la Conférence des Nations unies pour le Commerce et le Développement (CNUCED), quatre enfants congolais sur dix profitent de ces transferts. Et le Programme de Nations unies pour le Développement (PNUD)[2] estime que cet apport concurrence les fonds alloués à l'État congolais par les partenaires de l'aide publique au développement. À titre d'illustration, les statistiques[3] de la Banque centrale du Congo évaluent les montants de ces transferts à 1 012 900 000 $US en 2012 et 968 200 000 $US en 2013, tandis que l'aide publique au développement était de 2 179 046 000 $US en 2012 et 1 941 900 000 $US en 2014. Toutefois, ces statistiques ne prennent pas en compte les transferts par voies informelles (par agences clandestines ou par personnes interposées) qui pullulent dans la diaspora congolaise, car moins coûteuses. S'il faut en tenir compte, il est possible de soutenir que les transferts (formels et informels) de cette diaspora dépassent les montants alloués à l'aide publique au développement. Ils participent à l'équilibre de la balance de paiements ou au revenu national brut.

Par cette participation financière, la diaspora supporte une partie des diverses charges de l'État (santé, éducation, emploi…), ce qui atténue certains effets néfastes de la pauvreté. Pour preuve, la considération locale à ses membres en séjour sur la terre d'origine. Les familles encouragent à leur tour leurs jeunes à émigrer, afin de s'assurer elles aussi une meilleure qualité d'existence.

La participation de la diaspora à l'amélioration des conditions de vie des « frères » au pays par les transferts financiers justifie aussi un paradoxe congolais : « un État riche avec une population pauvre mais qui ne se révolte pas ! ». La raison paraît en être d'une part la patrimonialisation de l'État qui profite à ceux qui ont un « frère » dans ses rouages ; et d'autre part, les transferts financiers et matériels de la diaspora qui apaisent tant soit peu la souffrance de ceux qui ne se retrouvent pas dans les structures de l'État. De la sorte, les revendications pouvant mettre en péril le système étatique sont

---

[1] OIM, *Migration en R.D. Congo : document thématique - la migration et les transferts de fonds*, Genève, 2009.
[2] PNUD, *Rapport mondial sur le développement humain, lever les barrières : mobilité et développement humains*, 2009.
[3] RDC, Ministère des Affaires étrangères et Coopération internationale, *Mise en œuvre du Programme d'action en faveur des pays les moins avancés (PMA) pour la décennie 2011-2020 : rapport national d'évaluation à mi-parcours*, Kinshasa, avril 2016, p. 50.

traitées à travers d'autres mécanismes informels de l'État et de la société. L'incapacité des institutions publiques est couverte par diverses interventions socioéconomiques dans la société. L'État, allégé de certaines charges, acquiert ainsi une résilience en dépit de ses faibles ressources financières.

Au plan politique, la diaspora joue également un rôle important en tant que contre-pouvoir à partir de pays d'accueil, comme nous l'avons souligné avec les « Combattants ». Les réseaux transnationaux de cette diaspora dans l'espace européen, par exemple, participent à l'inflexion de certains agissements des politiques congolais pouvant faire imploser l'État. Les multiples prises de position de l'Union européenne ou de ses États-membres sur les conjonctures politiques au Congo (élections, rébellions...) résultent aussi des pressions et du *lobbying* exercés par ces Congolais de l'étranger. La demande formulée en 2016 à J. Kabila de ne pas modifier la Constitution pour briguer un troisième mandat en est une preuve. Les associations congolaises en Europe et en Amérique ont manifesté, violemment parfois, pour l'inscrire dans l'agenda diplomatique de leurs pays d'accueil. Aussi, le *lobbying* d'autres membres intégrés dans les institutions européennes ou américaines (l'eurodéputée et ex-ministre italienne Cécile Kyenge Kashetu, la vice-ministre belge Gisèle Mandaïla,...) semblent avoir du poids dans ces instances.

Mais, il arrive parfois au gouvernement congolais de passer aussi par ses ressortissants de l'étranger pour atteindre ses buts dans les rouages internationaux[1]. À titre d'exemple, le fait d'associer les chercheurs de l'université de Liège, dont le Belgo-congolais Bob Kabamba, aux processus référendaire de 2005 et électoral de 2006 a mené l'Union européenne à les soutenir[2] à travers l'action de son Commissaire en charge du Développement et de l'Aide humanitaire, le libéral belge Louis Michel.

L'État congolais sur le point de s'effondrer sous le poids de la dette et d'autres charges y échappe grâce aux diverses interventions de sa diaspora et de ses partenaires bi- et multilatéraux. Par ces

---

[1] Bordes-Benayoun, Ch. et Schnapper, D., *op. cit.*, p. 148.
[2] Préface de Louis Michel, Commissaire européen en charge du Développement et de l'Aide humanitaire, au livre : Coosemans, Th., *Radioscopie des urnes congolaises, une étude originale des élections en RDC*, Paris, L'Harmattan, 2008.

participations, l'État congolais retrouve un équilibre qui lui permet de s'adapter aux menaces contre son existence. La résilience de ses institutions résulte donc de multiples apports tant internes qu'externes qui la font subsister malgré des conditions si mouvementées.

CONCLUSION

Au terme de cette étude, il s'avère utile d'épingler les modalités ou mécanismes de survie de l'État issu de la colonisation dans son environnement africain. Pourtant décrié à cause de sa nature prédatrice et jacobine, cet État subsiste encore, et il est même rejoint par la nation dont la nature paraît différente. Disposant de la mission de développer les sociétés africaines en tant qu'« État-nation », son objectif semble devenu un mirage après des décennies d'indépendance. Les divergences de nature entre ses composantes (État et nation) sont une raison de ce revers. Pour certains, l'État est à refonder pour correspondre à la nation ; tandis que pour d'autres, la nation est à (re)construire afin de permettre le développement. Ce désaccord entretient constamment la menace d'effondrement de l'État-nation.

Mais l'analyse de la réalité congolaise montre autre chose. En effet, avant d'être postcolonial, cet État a édifié la nation dans ses péripéties de gestion coloniale du territoire. Sa nature prédatrice et jacobine fut insérée dans la société par la culture vulgarisée (le paternalisme). Depuis lors, l'État et la nation se tiennent et se soutiennent pour ne pas disparaître. C'est pourquoi, au Congo, lorsque l'État est sur le point de s'effondrer, la nation intervient à travers les identités communautaires pour le relever de sa faillite imminente.

En vue de surmonter cette menace, l'État fonctionne par « structuration dissipative ». Il s'agit d'un fonctionnement différent de celui formel et traditionnel de l'État du modèle occidental. Ce fonctionnement provient des apports de la société, qui s'est approprié l'État par diverses pratiques sociopolitiques locales. Il consiste, pour la société, à faire émerger des structures, parfois invisibles, pour suppléer aux faiblesses de l'État. À l'occasion, les institutions publiques ou politiques acquièrent des spécificités locales, notamment celles relatives à l'ethnicité.

Ce fait permet à l'État de s'octroyer, à travers l'instrumentalisation des identités, des propriétés de résilience par les fonctions cachées (informelles) exercées par ses institutions. La société s'en sert aussi pour garder l'État dans son escarcelle. De ce fait, la prise en compte des identités ethniques dans la gestion et la représentation politiques d'une part fédère les groupes et leur attribue les références communes de l'État ; et d'autre part, mène à la communalisation de leurs intérêts, laquelle est formatrice de la nation. Cette nouvelle identité commune mobilise en retour ces groupes locaux à doter l'État de capacités d'adaptation en fonction des menaces qui le guettent.

Étant fondamentalement ethnique et subsidiairement civique, la nationalité ou l'identité congolaise est devenue un élément de salut de l'État.

Celui-ci, approprié lors de l'indépendance par ses communautés, est aujourd'hui, pour elles, un terroir à préserver à tout prix, surtout lorsqu'elles tirent profit de son existence.

BIBLIOGRAPHIE

Abba, S., « La chefferie traditionnelle en question » in *Politique africaine*. [en ligne] http://www.politique-africaine.com/numeros/pdf/038051.pdf

Alexandre, P., « Problèmes linguistiques des États négro-africains à l'heure de l'indépendance » in *Cahiers d'Études africaines*, n° 6, vol. 2, 1961.

Amselle, J.-L. et Elikia Mbokolo, *Au cœur de l'ethnie : ethnie, tribalisme et État en Afrique*, Paris, La Découverte, 1985.

Anaut, M., « Le concept de résilience et ses applications cliniques » in *Recherche en soins infirmiers*, 2005/3, n° 82.

Anderson, B., *L'imaginaire national : réflexion sur l'origine et l'essor du nationalisme*, Paris, La Découverte, 1996.

Anteby-Yemini, L., Berthomière, W. et Sheffer, G. (sous la dir.), *Les diasporas : 2000 ans d'histoire*, Rennes, Presses universitaires de Rennes, 2005.

Aschan-Leygonie, C., « Vers une analyse de la résilience des systèmes spatiaux » in *Espace géographique*, tome 29, n° 1, 2000.

Aundu Matsanza, G., *Comprendre la science politique en 9 leçons*, Louvain-la-Neuve, Academia, 2017.

Aundu Matsanza, G., *État et partis au Congo-Kinshasa : l'ethnicité pour légitimité*, Paris, L'Harmattan, 2010.

Aundu Matsanza, G., *L'État au monopole éclaté : aux origines de la violence en R.D. Congo*, Paris, L'Harmattan, 2012.

Aundu Matsanza, G., *Politique et élites en R.D. Congo : de l'indépendance à la Troisième République*, Louvain-la-Neuve, Academia, 2015.

Bauer, O., *La question des nationalismes et la social-démocratie*, Paris, ÉDI, 1988.

Bennafla, K., « Les frontières africaines : nouvelles significations, nouveaux enjeux » in *Bulletin de l'Association de Géographes français*, n° 2, juin 2002.

Berghezan, G., *Est du Congo : à qui profite la prolifération des groupes armés ?* Bruxelles, Éclairage du GRIP, 3 janvier 2018.

Bongeli Yeikelo ya Ato, E., *L'université contre le développement au Congo-Kinshasa*, Paris, L'Harmattan, 2009.

Bordes-Benayoun, Ch. et Schnapper, D., *Diasporas et nations*, Paris, Odile Jacob, 2006.
Bourdieu, P. et Passeron, J.-C., *La reproduction, éléments pour une théorie du système d'enseignement*, Paris, Minuit, 1970.
Bouvier, P., *Le Dialogue inter-Congolais, anatomie d'une négociation à la lisière du chaos : contribution à la théorie de négociation*, Paris, L'Harmattan, 2004.
Burdeau, G., *L'État*, Paris, Seuil, 1970.
Célestine, P., *Bunkeya et ses chefs : évolution sociale d'une ville précoloniale* (1870-1992), Thèse inédite de doctorat en Histoire, Leiden University, 2014.
Clastre, P., *La société contre l'État : recherches d'anthropologie politique*, Paris, Minuit, 2011.
Coquery-Vidrovitch, C., *Afrique noire : permanences et rupture*, Paris, Payot, 1985.
Darbon, D., *Ethnicité et nation en Afrique du Sud : imageries identitaires et enjeux sociaux*, Paris, Karthala, 1995.
Dauphiné, A. et Provitolo, D., « La résilience : un concept pour la gestion des risques » in *Annales de Géographie*, 2007/2, n° 654.
De Clerck, L., « L'administration coloniale belge sur le terrain au Congo (1908-1960) et au Ruanda-Urundi (1925-1962) » in *Annuaire d'Histoire Administrative Européenne*, n° 18, 2006.
Delmotte, F. et Duez, D. (sous dir.), *Les frontières et la communauté politique : faire, défaire et penser les frontières*, Bruxelles, Presses de l'Université Saint-Louis, 2016.
Deutsch, K., *Nationalism and social communications: an inquiry into the foundation of nationality*, Cambridge, The MIT Press, 1969.
Deutsch, K.W. and Foltz, W., *Nation building*, New York, Atherton Press, 1963.
Di Méo, G., « Identités et territoires : des rapports accentués en milieu urbain ? » in *Métropoles*, janvier 2007.
Dieckhoff, A., *La nation dans tous ses états : les identités nationales en mouvement*, Paris, Flammarion, 2000.
Fassin, E., « Les couleurs de la représentation : introduction » in *Revue française de Science politique*, vol. 60, avril 2010.
Foucher, M., *Fronts et frontières : un tour du monde géopolitique*, Paris, Fayard, 1991.

Fraysse, B., « La saisie des représentations pour comprendre la construction des identités » in *Revue des Sciences de l'Éducation*, vol. XXVI, n° 3, 2000.

Gellner, E., *Nations et nationalismes*, Paris, Payot, 1986.

Havard, J.-F., « Histoires, mémoires collectives et constructions des identités nationales dans l'Afrique subsaharienne postcoloniale » in *Cités*, n° 29, 2007.

Hazoume, G.L, *Idéologies tribalistes et nation en Afrique : le cas dahoméen*, Paris, Présence africaine, 1972.

Hobsbawm, E., *Nation et nationalisme depuis 1780 : programme, mythe et réalité*, Paris, Gallimard, 1992.

Hobsbawm, E. et Ranger, T., *L'invention de la tradition*, Paris, Amsterdam, 2006.

Hroch, M., "From ethnicity to nation: a forgotten road to modernity" in *Anthropologie et Société*, vol. 3, n° 19, 1995.

Huntington, S.P., *Qui sommes-nous ? Identité nationale et choc des cultures*, Paris, Odile Jacob, 2004.

Kabuya Lumuna, *Idéologies zaïroises et tribalisme : la révolution paradoxale*, Louvain-la-Neuve, Cabay, 1986.

Kasonga Ndunga Mule, B., *La vérité sur le Sud-Kasaï, entretiens avec Albert Kalonji Ditunga Mulopwe*, Bruxelles, Le Kasaï, 2002.

Kervyn, N., Leyens, J.-Ph. et Deschamps, M., *De l'identité nationaliste*, Paris, Lemieux, 2015.

Kivouele, T.-S., *La quête de l'identité culturelle dans les associations religieuses d'origine congolaise : cas de Bundu dia Kongo (BDK)*, Mémoire inédit de Sociologie, Université Marien Ngouabi (Rép. Congo), 2007.

Lelo Nzuzi, F. et Tshimanga Mbuyi, Cl., *Pauvreté urbaine à Kinshasa*, La Haye, Cordaid, 2004.

Levasseur, L., « Éducation à la citoyenneté et missions d'instruction et de socialisation de l'école québécoise » in *Canadian Journal of Education*, n° 29, vol. 3, 2006.

Lumumba, P., *Le Congo, terre d'avenir, est-il menacé ?* Bruxelles, Office de Publicité, 1961.

Malengreau, G., « Chronique de politique indigène » in *Zaïre*, vol. VI, n° 9, Bruxelles, novembre 1952, pp. 957-971.

Mambi Tunga-Bau, H., *Pouvoir traditionnel et pouvoir d'État en R.D. Congo contemporaine : esquisse d'une théorie d'hybridation des pouvoirs politiques*, Kinshasa, Médiaspaul, 2010.

Michalon, Th., *Quel État pour l'Afrique ?* Paris, L'Harmattan, 1984.
Ministère des Affaires étrangères et de la Coopération internationale de RDC, Mise en œuvre du Programme d'action en faveur des pays les moins avancés (PMA) pour la décennie 2011-2020 : rapport national d'évaluation à mi-parcours, Kinshasa, avril 2016.
Mobutu Sese Seko – Action et parole 1965-1975, Kinshasa, Présidence de la République, 1975.
Montandon, C. et Osiek, F., « La socialisation à l'école du point de vue des enfants » in *Revue française de Pédagogie*, n° 118, 1997.
Morin, O., *Comment les traditions naissent et meurent : la transmission culturelle*, Paris, Odile Jacob, 2011.
Mutamba Makombo, J.-M., *Du Congo Belge au Congo Indépendant 1940-1960 : émergence des évolués et genèse du nationalisme*, Kinshasa, Institut de Formation et d'Études politiques, 1998.
Mutamba Makombo, *L'histoire du Congo par les textes*, tome III : 1956-2003, Kinshasa, Éditions universitaires africaines, 2008.
Muya Bia Lushiku Lumana, *De l'État autonome du Sud-Kasaï à la Province du Kasaï : installation difficile des Baluba du Kasaï*, Thèse inédite de doctorat en Histoire, Université de Paris VII, 1978.
Mwaka Bwenge, A., « Les milices Mayi-Mayi à l'est de la R.D. Congo : dynamique d'une gouvernementalité en situation de crise » in *Revue africaine de Sociologie*, n° 7, (2) 2003.
Mwayila Tshiyembe, *État multinational et démocratie africaine : sociologie de la renaissance politique*, Paris, L'Harmattan, 2001.
Nadel, S.F., *Byzance noire : le royaume des Nupe au Nigeria*, Paris, Maspero, 1971.
Namegabe, P.-R., « Le pouvoir traditionnel au Sud-Kivu de 1998-2003 : rôle et perspective » in *L'Afrique de Grands Lacs*, Paris, L'Harmattan, 2005.
OIM, *Les transferts de fonds par les migrants originaires de la région des Grands Lacs*, Leuven, Hiva-KUL, mars 2006.
OIM, *Migration en R.D. Congo : document thématique – la migration et les transferts de fonds*, Genève, 2009.

Ouedraogo, H., « Décentralisation et pouvoirs traditionnels : le paradoxe des légitimités locales » in *Mondes en Développement*, n° 133, (1) 2006.

Pain, M., *Kinshasa : la ville et la cité*, Paris, Éditions de l'ORSTOM, 1984.

Paquot, T., « En lisant Georg Simmel » in *Revue Hermès : Murs et frontières*, n° 63, 2012.

Pasquino, P., « Emmanuel Sieyès, Benjamin Constant et le gouvernement des modernes : contribution à l'histoire du concept de représentation politique » in *Revue française de Science politique*, 37e année, n° 2, 1987.

Pauwels, H. « Rechtskeun en Vorming van een Eenvonnige Stadsgewoonte in de inlandse rechtbanken te Leopoldstad » in *Annales du Musée royal d'Afrique centrale*. 60 (1967).

Pitkin, H., *The conception of representation*, Los Angeles, University Press, 1967.

PNUD, *Rapport mondial sur le développement humain – Lever les barrières : mobilité et développement humains*, 2009.

Pottier, P., « Axes de communication et développement économique » in *Revue économique*, n° 1, vol. 14, 1963.

Prigogine, I. et Stengers, I., *La nouvelle alliance*, Paris, Gallimard, 1979.

Renan, E., *Qu'est-ce qu'une nation ?* Paris, Presses Pocket, 1992.

Roger, A., *Les grandes théories du nationalisme*, Paris, Armand Colin, 2001.

Shomba, S., Mukoka, F., Olela, D., Kaminar, T.M., Mbalanda, W., *Monographie de la ville de Kinshasa*, Kinshasa, Mediapaul, 2015.

Sendwe Kabongo P., *La loi fondamentale belge du 19 mai 1960 relative aux structures du Congo : pour un Commonwealth entre le Congo, le Rwanda, le Burundi et la Belgique*, Louvain-la-Neuve, Academia-Bruylant, 2003.

Simmel, G., *Le conflit*, Paris, Circé, 1992.

Simon, P. et Escafré-Dublet, A., « Représenter la diversité en politique : une reformulation de la dialectique de la différence et de l'égalité par la doxa républicaine » in *Raisons politiques*, n° 35, mars 2009.

Smith, A., "Ideas and structure in the formation of independance ideals" in *Philosophy of social Science*, n° 3, 1973.

Smith, A., *The ethnic Origins of Nation*, Oxford, Basil Blackwell, 1986.

Stengers, I., « Structure dissipative » in *Encyclopaedia Universalis* [en ligne] http://www.universalis.fr/encyclopedie/structure dissipative/

Sylla, L., *Tribalisme et parti unique en Afrique noire,* Université de Côte d'Ivoire, Presses de la Fondation nationale de Sciences politiques, 1977.

Tiesse, A.-M., « Des fictions créatrices : les identités nationales » in *Romantisme,* n° 110, 2000.

Touraine, A., Crise de l'État Nation, in *Revue internationale de Politique comparée,* vol. 1, n° 3, déc. 1994.

Turner, Th., *Ethnogenèse et nationalisme en Afrique Centrale : Aux racines de Patrice Lumumba.* Paris, L'Harmattan, 2000.

Van Acker, F. et Vlassenroot, K., « Les Maï-Maï et les fonctions de la violence milicienne dans l'est du Congo » in *Politique africaine,* n° 84, (4) 2001.

Verhaegen, B., « Les associations congolaises à Léopoldville et dans le Bas-Congo avant 1960 » in *Cahiers économiques et sociaux,* Université Lovanium, n° 3, vol. III, septembre 1970.

Vunduawe te Pemako, *À l'ombre du léopard : vérité sur le régime Mobutu Sese Seko,* Bruxelles, Zaïre libre, 2000.

Weber, M., *Économie et société : l'organisation et les puissances de la société dans leur rapport avec l'économie,* t. 2, Paris, Pocket, 1995.

Young, C. and Turner, Th., *The Rise and Decline of the Zaïrian State,* Wisconsin, The University of Wisconsin Press, 1985.

Young, C., *Introduction à la politique congolaise,* Kinshasa, Éditions universitaires du Congo, 1965.

Zartman, W., *L'effondrement de l'État : désintégration et restauration du pouvoir légitime,* Manille, Nouveaux Horizons, 1997.